十力
文化

十力文化

十力
文化

十力
文化

圖解記憶法

給大人的記憶術

An Illustrated Guide to Mnemonic Device

Dr. Hideki Wada

精神科醫師
和田秀樹——著
陳冠儒——譯

前言

我花了許多年撰寫有關準備聯考的讀書法，也引導了許多的考生邁向成功。

雖然不是只有我的讀書法最好，但是只要看到許多孩子們想著「我不會讀書」、「已經很努力了就是讀不好」，總會覺得可惜。

在所有的運動裡都應該能這麼說：練習是要在學會了方法以後才開始的。若是隨便揮竿不管再練多久也不會進步。

「小拳王」（原書名：あしたのジョー）的主角——矢吹丈，也是按照一張寫著拳擊技術的明信片「為了明日」練習的。自己亂練的打架再厲害，拳擊技術也不會變強。

讀書也是一樣。不懂得方法，沒有學到適合的讀書法就算再怎麼努力，不會進步就是不會進步。

這次，我決定把到目前為止關於聯考的教學經驗與心理學知識合而為一，藉由這本書提倡更有效的記憶方法。只要瞭解：「記憶力不好並非記憶力衰退，而是方法不好」，未來將會一片光明。

希望能讓大家透過本書學會適合自己的（不說全部，就算只會一種也好）記憶方法，讓往後的人生能更為充實。

和田秀樹

PART 1

瞭解記憶的機制

PART 2

給大人的記憶術

PART 3

激發回想力的記憶法

PART 4

記憶力訓練

PART 1

瞭解記憶的機制

Mnemonics

Memonics

01

就算年紀增長，還是能提升記憶力

腦細胞不會因年紀增長而死去

人們常說：「年紀大了，記憶力就不好」。一般認為隨著年紀增長、腦細胞會死去，掌管記憶的額葉活動也隨之衰退的關係。但是，根據加州大學馬里安．黛安蒙德博士的研究指出：「在一個活動旺盛、正常健康的腦裡，完全看不出腦細胞會因為年齡增長而死去」，此論點逐漸受到證明。

我們可以瞭解，大腦每天都在接收龐大的情報資訊，而且比起迄今我們所想得更能保存記憶。

隨著年齡變化　記憶的特性

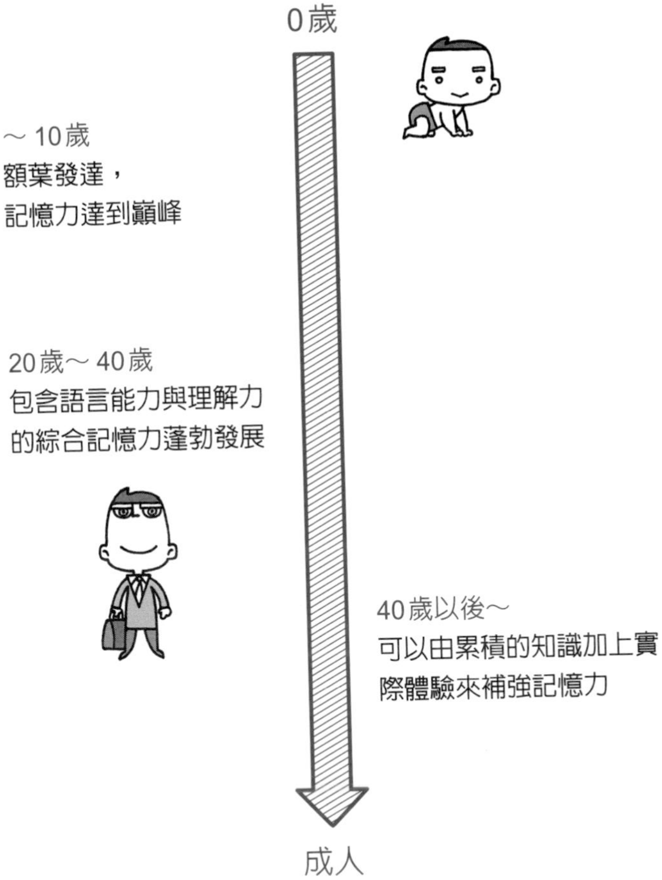
0歲
～10歲
額葉發達，
記憶力達到巔峰
20歲～40歲
包含語言能力與理解力
的綜合記憶力蓬勃發展
40歲以後～
可以由累積的知識加上實
際體驗來補強記憶力
成人

換言之，這意味著即使年齡增長，只要能確實地使用大腦，腦細胞不僅不會衰退，也能維持記憶力。

年紀越大，記憶力越能強化

額葉有如大腦的控制塔，負責掌管記憶。而額葉的能力取決於10歲以前大腦神經迴路的成長狀況。若這期間能受到許多的經驗刺激的話，額葉的神經迴路則會變得活躍，記憶力也會增強。

那麼，在這之後記憶力就無法增強了嗎？

不是的。記憶力不是只有死背的能力，而是包含解讀信息的語言與理解等綜合能力。在孩提時期善於硬記，但**透過不斷學習增長知識，累積能融合理解實際經驗的能力後，就能更確實地補強記憶力。**

那為什麼年紀越大卻感覺記憶力在衰退？

這是因為自我暗示的關係。大腦受到了「年紀越大記憶力越差」的指令影響，因為這樣的認知所以不再用腦，記憶力因而減弱。

所以，首先該做的是，別因為年紀大了就對自己的記憶力沒有信心。只要不放棄，積極不斷地訓練大腦的話，要讓記憶力比年輕時更好，並不是不可能的任務。

POINT

記憶的方法隨著年齡增長而改變
首先要瞭解適合自己的記憶法

Memonics

02

記憶的三個步驟「記住」、「儲存」、「叫出」

首先要將記憶的過程分為三個步驟思考

所謂的記憶，可以將其分成三個步驟來看：「記住事情」、「將記住的事情儲存」、「叫出記憶」。

也可以稱之為：「銘記」、「保持」、「想起」。

「記憶」常令人認為它只是單純將事物背起來而已。但是，能將背起的事物確實在腦中持續記住的「保持」也是非常重要的機能。

「記憶」的三個步驟
「記住」、「儲存」、「叫出」

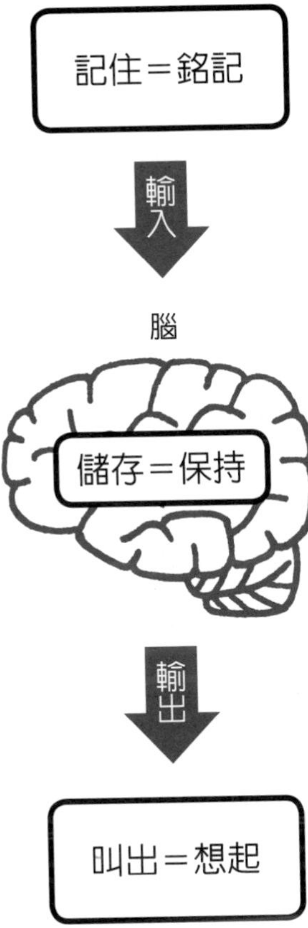

隨著年齡增長，常會發現以前隨口就能叫出的藝人名字怎麼樣也想不起來。這就是大腦確實儲存那個名字，但是卻無法將其想起的狀況。

人類的記憶普遍被認為只要記住一次，要消除掉並不容易。所以，能將儲存的記憶確實叫出來的「想起」機能非常重要。

「想起」有兩種類型

接下來說明能將記憶叫出的「想起」，這個重要機能有兩種類型：「再生」與「再認」。

拿搭乘電車等交通工具為例，看著不斷飛躍映入眼簾的景色，有時會自然想起過去曾看過的別的地點，這是在腦中自由浮現想起的記憶，稱為「再生記憶」。

另一種類型則是像前面舉過藝人名字的例子，自己選擇想起某些特定資訊的「再認記憶」。這種再認記憶若能好好運用，就會讓人覺得記憶力良好，反之則會感到記憶力在衰退。

所以請記住，就算是年紀大感覺忘東忘西的情況變得嚴重，**事情只要曾經記住一遍，儲存在大腦某處的資訊並不會消失**。有效利用再認記憶的方法將在後面的章節介紹。

也就是說只要強化「銘記」、「保持」、「想起」這三種機能，不管幾歲都能增強記憶力。千萬不要因為年紀增長而放棄，請盡量持續使用頭腦。

POINT

只要能強化銘記、保持、想起
這三種機能，就能不斷增強記憶力

Mnemonics

03

轉眼就忘的「短期記憶」與一輩子難忘的「長期記憶」

重要的資訊應該要轉換為長期記憶

記憶可以分為容易消失的「短期記憶」與可以一直持續保持的「長期記憶」。常見的例子如郵遞區號與電話號碼等，覺得已經記住了，但經過一段時間後卻怎麼也想不起來。這就是所謂的短期記憶，以時間來說只能保持約1分鐘。

人類的記憶在每次有新資訊輸入時會很快地被覆蓋。資訊只有輸入一次就結束的話，就算是剛剛發生的事情也會馬上忘記。明確定義「短期記

記憶的時間與保持率

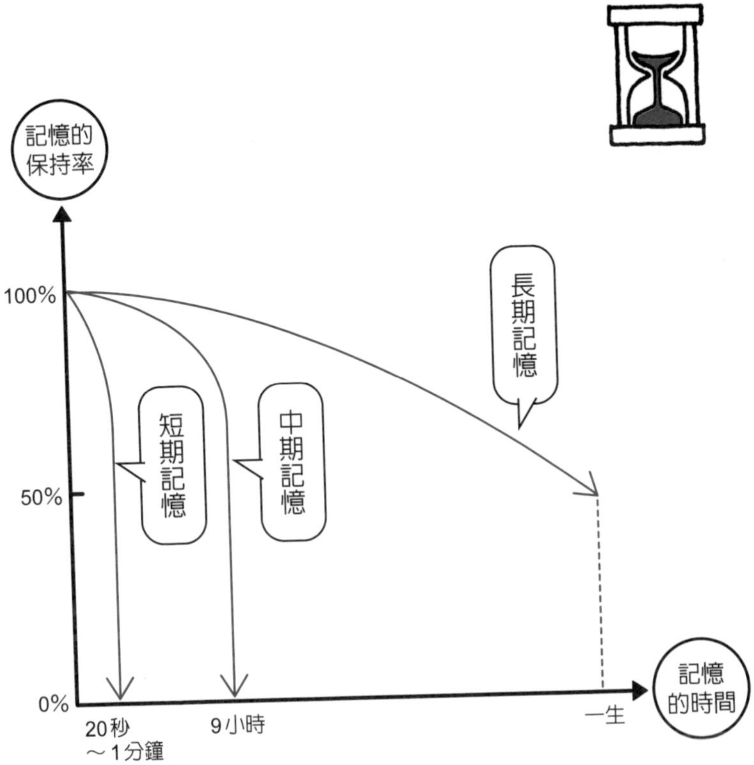
記憶的保持率
100%
50%
0%
長期記憶
短期記憶
中期記憶
20秒
～1分鐘
9小時
一生
記憶的時間

憶」就是：「只能維持20秒到1分鐘以內的記憶」。

那種感覺也可以說是考前K書時花了一整晚死背但只能維持幾天的記憶，或是只讀過一遍記憶模糊的知識等，都能歸類為短期記憶。

記憶若不能叫出會越來越難想起

人的記憶，從記住開始算起，到9個小時後的這段時間，記憶的保持率將會快速下降。即使打算維持住，但在這段時間內不小心忘記的記憶稱之為「中期記憶」。

若想要讓它變成長期記憶，在還能保持住的期間內複習就很重要了。

此外，就算能保持住，還是有很多記憶無法輕易想起。若是就那樣放著不努力叫出那些資訊，將會使其陷入更深一層的記憶深處，要想起來的難度會變得更高。

「馬關條約是哪一年簽訂的？」這種為了考試而記的歷史事件、資訊等，容易突然怎麼想也想不起來。但在聽到正確答案時，會反應：「啊啊！確實是那樣。」雖然有保持但是很長一段時間沒有叫出的記憶，就會變得很難想起。

因此，為了將其轉換成長期記憶，持續努力地反覆輸入與定期想起是必要的。

POINT

短期記憶維持1分鐘，中期記憶維持9小時，長期記憶能維持一輩子

Mnemonics

04 資訊的覆寫會干擾記憶

什麼是記憶的「逆向抑制」？

記憶在人清醒時會不斷地被覆寫。

除了自己主動獲取的資訊外，在無意識中，大腦也會私自將資訊存入。其實，這種龐大的資訊覆寫動作會導致大腦變得難以進行想起，這種現象就稱為「逆向抑制」。

在心理學的實驗裡發現，人在睡眠時，大腦沒有資訊覆寫的狀態下，反而更能想起事物。

減少「逆向抑制」的四種對策

1	不一口氣死背，分多次記憶
	↓
2	反覆地記憶
	↓
3	不去記多餘的事情
	↓
4	以能想起的狀態留住記憶

所以，當人生經驗越來越豐富時，就會伴隨越來越多的覆寫量，也因此過去記住的事情會隨著時間越來越難想起。

反過來說，就算遇到了一些難過的經驗，只要在那之後受到好好地對待，那些經驗會越來越不容易回憶起；也就是說人類為了要健全地生存下去，具備了能將已經存入的錯誤資訊覆寫為正確資訊的機能。

減少「逆向抑制」的四種對策

因為大腦中的神經迴路彼此有著關聯性，當資訊連續快速地傳送時就會很難保存。

要克服逆向抑制現象的首要對策為，將資訊分多次記憶。

舉例來說，準備考試時比起連續2個小時死記，分成兩次、每次1小時來準備會更容易記住。這種間隔時間的利用方法也能轉換心情。

此外，反覆輸入的「複習」記憶方法也是相同的原理。

當第一次輸入資訊後，休息一段時間再次輸入一次會強化記憶。

一定要瞭解，對於刻意輸入並儲存的資訊，無論如何都必須「不記多餘、無謂的事情」。在輸入的階段就需要將資訊去蕪存菁，僅留下能使用的知識即可。就算想成為知識豐富的人而盲目地塞了大量資訊，**如果沒有將資訊以能想起的狀態留在大腦中，那這種記憶是毫無意義的**。

「輸入的資訊要少，留在腦中的知識要多」才是理想的記憶方法。

POINT

輸入的資訊要少，

留在腦中的知識要多

Mnemonics

05

出社會後，還能維持學生時期記憶程度的方法

試著回想學生時期的記憶方法

常常聽到周遭的人感嘆，在年輕時明明能記住非常多的年號與英文單字等等，年紀大了卻怎麼記也記不住了……

仔細想想學生時期，讀書是生活中最優先的事情，所以「每當準備考試時，會以反覆不斷地輸入資訊來吸取知識」，也就是說能夠「保持」的時間占了極大的比例。

學生時期與出社會後對於複習想法上的差異

但是出了社會後，大部分的情況都是只輸入一次資訊就結束了。換句話說，鬆懈了對於「保持」的努力。

舉例來說，想要記住某本書非常有用的知識時，會先用螢光筆畫線、做筆記歸納、考試……有多少人在出社會後還會持續這些步驟？

就算是東大生也幾乎沒有人能夠過目不忘，但畢業後忘了複習的重要性的人卻不在少數。所以，只要像學生時期一樣的反覆學習，就能以接近當時的記憶力來記住事物。

大腦是「目的性」地蒐集資訊

那麼，沒有辦法將背誦列為最優先的大人們，要如何有效地記住事情？

首先，要有記憶的「目的」。有了目的才會引發對於事物的關心與興趣，注意力自然會主動運作。此時大腦會開始**自動蒐集必要的資訊**。

然後，資訊將會有效地輸入，更多的知識也將會因此被記憶。例如，非常喜歡棒球而對球員如數家珍的人，就是因為有很強烈的興趣與目的，才能不斷蒐集相關資訊來增加知識。

當然如果有時間複習的話最好，但如果沒有，前述的以「目的」來記憶事情，對於成人來說是非常有效的方法。

POINT

沒有時間複習的成年人
可以藉由「目的」來提升記憶的效率

Mnemonics

06

在資訊化社會中擁有「知識」的意義

在資訊化社會中知識更是重要

現今，這個被稱為「資訊爆炸社會」的網路時代，人們能從中獲得各種自己想要的資訊。

智慧型手機與便於攜帶的筆記型電腦也進化更為輕薄，遇到不懂的事情時，無論何時何地都能搜尋答案。

因為現在已經是輕易獲得資訊的世界，有越來越多人覺得，已經沒有特地去記憶而博學的必要。沒有必要像以前那樣實施「填鴨式教育」了。

「知識社會」蒐集資訊的樣貌

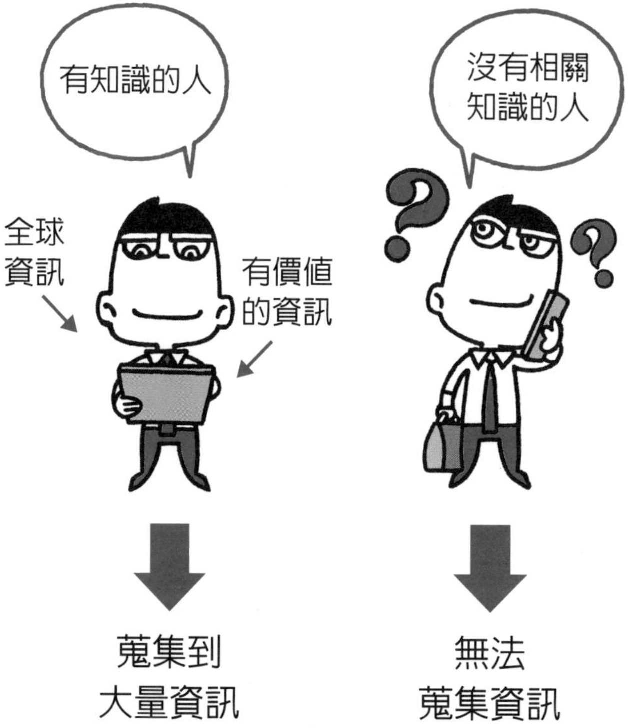

實際上，日本實行「寬裕教育」[註]已有一陣子。

然而實際卻是，博學與沒有學識的人之間，學問上的差異反而越來越大，這就是現實。

有了基礎知識才能得到更有價值的資訊

例如，有兩個人在網路上搜尋與經濟有關的新聞。其中一個人對於經濟有著扎實的基礎知識，另一個人幾乎沒有相關概念。沒有概念的那一個人，因為沒有經濟資訊的基礎素養，不知道要讀什麼、要怎麼讀；反之，有著基礎知識的另一個人，能自己獲得大量且多元豐富的資訊。

要是更進一步擁有良好的英文能力，則能瞭解世界各地的新聞如何分析、報導自己國家的經濟。

也就是說，在過去因為資訊量有限，有無知識的人之間的差異同樣受到限制，但是到了高度資訊化的社會，流通於全世界的資訊爆炸性地大幅成長，解讀情報的能力與知識水平也一併提高。因此，有無知識的人之間的差異也越發顯著。

這就是所謂「知識社會」的本質。

在隨時都能獲得資訊的現今社會，對於擁有多元知識的人能取得更有價值的資訊，更能站在有利的立場。

註：是遵照1980、1992、2002年度實施的學習指導要領之教育改革辦法。針對過往爲了考試而教育的學習所做改革，是將授課時間與內容縮減的教育辦法。2002年起正式實行，雖然得到財界人士等的支持，但學習力降低的問題備受指摘及批判。2008年公布了非議填鴨式教育的新學習指導要領方案，主要檢討過去刪減內容的寬裕教育，並增加學習內容，強調學校與家庭、地域相結合及學生思考、分析、應用及統整能力培養，被日本媒體稱爲「脱寬裕教育（脱ゆとり教育）」。

POINT

處於高度情報化的社會中
更應該記憶這些豐富的知識

Mnemonics

07

睡眠不足是記憶力衰退的主要原因？

比起身體，讓大腦休息才是睡眠的目的

在腦科學的研究中，經過各式各樣的實驗證明，睡眠不足是造成記憶力衰退的主要原因之一。

睡眠不僅是讓身體休息，還有消除大腦神經細胞疲勞的功效。如果睡眠不足，將會導致因處理白天龐大資訊而混亂的腦神經迴路與傳達路徑無法修復。

修復神經細胞
睡眠時大腦的情況

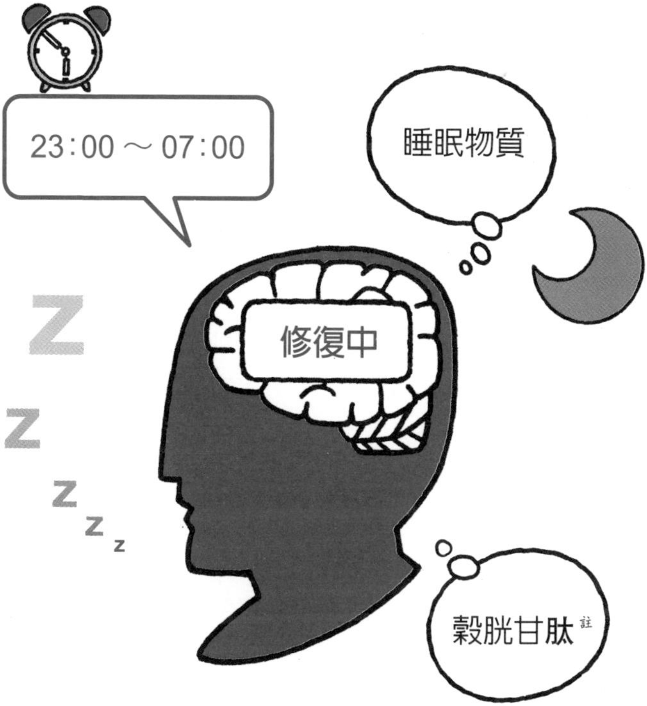

註：原文Glutathione（縮寫GSH），是由三個氨基酸連結而成的小分子，存在人體全身的細胞內，小從毛髮的生長，大至維持心臟、肝臟等重要器官的運作，都需要GSH的協助。GSH也是體內最重要的抗氧化劑以及自由基掃除劑，具有許多如胺基酸的運送、蛋白質的合成、保護細胞膜、維持細胞內氧化壓力的平衡、促進免疫機能等重要生理功能。

根據腦科學的研究，腦在人類睡眠時會把當天學習與經歷過的事物輸入儲存。假如因為準備考試而減少睡眠時間，大腦幾乎沒有休息，連續幾十個小時都在讀寫資訊的情況下，當然就會降低記憶的效率。

此外，長期的睡眠不足（睡眠時間小於5～6小時），一種稱為「睡眠物質」的賀爾蒙分泌將會減少，特別是發育與細胞修復相關的成長賀爾蒙，以及將腦中的活性氧無毒化的穀胱甘肽（Glutathione）的不足，會造成神經細胞的養分不足，活動力因而衰弱。

理想的睡眠時間在6～7個小時左右

為了讓大腦更能全面性活躍的運作，充足睡眠是非常重要的事。因此，要有高效率的記憶力，首要就是6～7個小時品質良好的睡眠。

應該固定每天的就寢時間，特別是晚上11點到凌晨0點間就寢是最理想的時間。如果規律被打亂，就會因生理時鐘混亂而引發淺眠、失眠等睡眠障礙。

每天早上7點，神清氣爽地醒來，這種有規律的生活步調將能讓大腦機能正常發揮，也就能提高集中力與注意力。

在充分休息後使用處於充電完全的大腦進行短時間、分成數次的記憶行為，再加上複習，就算是沒有時間的成年人也能以不輸學生時期的步調來增加知識。

POINT

作息規律的生活能讓大腦機能正常發揮，提高集中力與記憶力

Mnemonics

08 提高記憶效率的10個基本原則

配合圖像與關聯性來提升記憶效率

進行記憶與想起的時候，重點在於「配合圖像」與「關聯性」，輸入資訊以外，活用這兩點就能有效記憶。

在這裡要介紹基本原則，以便活用適合的原則記憶。

幫助記憶的10個基本原則

原則1　注重由五感（視覺、聽覺、嗅覺、味覺、觸覺）獲得的資訊

活用圖像與關聯性
記憶的基本原則

原則 *1*	使用「五感」
原則 *2*	資訊「誇張化」
原則 *3*	「節奏與動作」關聯化
原則 *4*	「顏色」圖像化
原則 *5*	使用「數字」
原則 *6*	使用「記號」
原則 *7*	配合「順序」進行模式化
原則 *8*	形塑有「魅力的」形象
原則 *9*	活用「幽默」
原則 *10*	「正面」圖像化

Mnemonics

能夠強化記憶，必要時也較容易想起。

原則2　資訊「誇張化」　以誇張的大小與形狀、聲音等強調的事物，較容易被想起。

原則3　「節奏與動作」關聯化　將歷史事件、年號等以合轍押韻[註]的方式進行文字遊戲。

原則4　「顏色」圖像化　顏色會讓記憶鮮明，較容易記住事物。就像提到消防車就會聯想到紅色，用螢光筆的鮮豔色彩活化視覺的效果。

原則5　使用「數字」　用數字來整理、排序。建立系統後就容易從龐大的記憶中找出必要的資訊，條列式寫法就是這個原則。

原則6　使用「記號」　品牌商標與道路標誌等正是此原則的代表，只要看到那個記號就會在一瞬間想到多樣資訊，是個很有效的記憶方法。

原則7　配合「順序」進行模式化　這也是以系統整理歸納的方法，另外也可以用顏色與大小來分組，或是用距離、高度、年齡與場所等分類。

原則8　形塑有「魅力的」形象　對於有魅力的事物，人們總會特別關心，也容易記憶。

原則9　活用「幽默」　有趣的事物容易留下印象。記憶時心情愉快，再度想起也會變得容易。

原則10　「正面」圖像化　比起負面，正面圖像較容易想起，這是因為大腦會傾向回到「感到舒服」狀態的關係。

註：合轍與押韻意思差不多。嚴格來說，轍寬韻窄，轍可通押，韻中則不能。就如同中國北方戲曲唱詞所用的十三轍，十三轍即爲十三個韻部。填寫唱詞時，每一唱段用一轍，不可換轍。

POINT

不要毫無章法的記憶，
用適合目標資訊的記憶法提升效率

COLUMN 1
密碼的背法

用熟悉的字眼稍微下點工夫就能設定難被猜到的密碼！

提到什麼是要一口氣背很多數字排列，就會提到密碼。為了怕忘記，很多人將密碼設為自己的生日或地址等，但這在防盜上是非常危險的。要是放有身分證的錢包遺失或被人盜走時，很有可能會由身分證上的個人資訊猜出密碼，更甚者，讓想保密的內容遭人濫用。

在這裡介紹一個只要將身邊的資訊稍微下點工夫就能變成高安全性密碼的做法。

首先，將日文五十音的あ～わ各行從1開始編號（也可以用注音符號ㄅㄆㄇ代替）。

あ行為「1」，か行為「2」……以此類推。然後決定一個絕對不

會忘記的關鍵字，此時要避免使用可能由個人資訊中猜出來的字眼，譬如自己的大名或是公司的名稱等。

我們將關鍵字設為祖母的名字「薰子」（50音為かおるこ）做為例子。把這個關鍵字配上剛剛附有編號的表，「か」為か行得到「2」、「お」為あ行得到「1」、「る」為ら行得到「9」、「こ」為か行得到「2」，最後就會得到「2192」數字。將密碼如此設定後，只要不要忘記「薰子」這個名字，不管幾次都能想得起來。

另外，也有將姓名與生日混合產生密碼的方法，像是10日出生的九二子小姐會是「くに（92）」＋10＝「9210」；或是出生年月日的數字各加1的話，（19）72年3月5日出生則能得到「8346」。

只要像這樣把熟悉的關鍵字稍做加工，就能獲得不容易被猜到的密碼，也很容易記憶。試試看找個適合自己的設定方法吧！

NOTE

PART 2

給大人的記憶術

Mnemonics

09 只要意識到「目的」、「注意」，大腦自然會開始記住

Memonics

訂定目的，將資訊寫入腦中

要記住事物時，擁有「目的」很重要。有了目的，很自然就會開始關心，也會開始注意（attention）。如此，大腦就像被按下開關一樣開始工作，持續且穩定地吸收跟目的有關的資訊，也能說**大腦處在一個自動蒐集資訊的狀態**。

反之，如果沒有目的就不會特別注意，資訊將不會被讀取，也不會當作記憶儲存。

訂定目的與記憶的關聯

訂定目的

▼

從興趣與關心產生「注意」

▼

大腦開始工作

▼

資訊被寫入

▼

留存為記憶

注意

集中

怎麼樣都要努力
讓注意力鎖定特定目標

▼

從有興趣的主題（話題）
切入，慢慢攻掠

興趣

就算放著不管
注意力也會持續關注目標

▼

因為關心的事
本來就容易記住

人類會自然記住正在注意的事物，但是沒有關注的話則是怎麼樣也記不起來。鐵道迷對於車輛的型號與車站站名可以令人驚訝地如數家珍；足球迷連外國選手的名字與位置都能朗朗上口，這都是因為一直保持著高度興趣，並持續不停地關注，因此處於一個資訊容易被大腦蒐集的狀態。

如果有個領域是你以後想要活用在職場上的，訂定「來挑戰那個證照考試吧」、「把英文學好」這樣的目標，就會成為穩固記憶的一大助力。

興趣與專注

但是，就算有了目的，還是有怎麼記也記不住的時候。

其實，所謂的注意有兩種類型。像是前面提到的鐵道迷與足球迷，就算不管它也會持續注意的，叫做「興趣、關心」；對於取得證照與學習外語等非關興趣，而是努力將注意力投入其中的狀態叫做「專注、集中」。

怎麼記也記不住的情況為後者，如果沒有使用專注力的話是無法保留在記憶中的。因為專注力無法長久持續，所以才會記不住。改善這種情況的對策，取決於投入多少程度的關心。就算是沒什麼興趣的領域，也試著從關心的主題開始切入。

所謂**記憶力好的人，並不是天生具有優於他人的能力，而是好奇心旺盛的人。**

POINT

因為人類不會記憶不關心的事物，
保持好奇心就是記憶力的關鍵

Mnemonics

10 記憶的關鍵在「理解」

理解是記憶的捷徑

心理學的實驗已經證明，人對事物的理解度低時就會難以記憶。

不瞭解的事物無法記憶，聽起來好像是理所當然的。例如，你是否有過在準備未曾學過的領域的證照考試時，怎麼記都記不住；但學生時期學過的科目，就算是初次接觸的項目也能快速記起。

也就是說，成功記憶的首要關鍵就是理解主題。

檢查理解程度「塗黑學習法」三步驟

STEP 1 邊讀內容，邊將重點名詞與說明文章畫線並用□檢查

労働者は、その養育する一歳に満たない子について、その事業主に申し出ることにより、育児休業をすることができる。ただし、期間を定めて雇用される者にあっては、次の各号のいずれにも該当するものに限り、当該申出をすることができる。

一　当該事業主に引き続き雇用された期間が一年以上である者

二　その養育する子が一歳に達する日を超えて引き続き雇用されることが見込まれる者

(育児休業、介護休業等育児又は家族介護を行う労働者の福祉に関する法律　第五条より)

STEP 2 塗黑重點，並默背

労働者は、その養育する[redacted]について、その[redacted]に申し出ることにより、育児休業をすることができる。ただし、期間を定めて雇用される者にあっては、次の各号のいずれにも該当するものに限り、当該申出をすることができる。

一　当該事業主に引き続き雇用された期間が[redacted]である者

二　その[redacted]が[redacted]に達する日を超えて引き続き雇用されることが見込まれる者

(育児休業、介護休業等育児又は家族介護を行う労働者の福祉に関する法律　第五条より)

STEP 3 當塗黑的部分都能記住後，再更進一步塗黑周圍的部分，默背更多資訊

労働者は、その養育する[redacted]について、その[redacted]に申し出ることにより、育児休業をすることができる。ただし、[redacted]にあっては、次の各号のいずれにも該当するものに限り、当該申出をすることができる。

一　[redacted]主に引き続き雇用された期間が[redacted]である者

二　その[redacted]が[redacted]に達する日を超えて引き続き雇用されることが見込まれる者

[redacted]、[redacted]等育児又は家族介護を行う労働者の福祉に関する法律　第五条より)

在第48頁的「保持興趣」中也能適用。透過理解來引導關心並提高注意力的話，記憶力就會提升。「理解」跟興趣不同，是可以刻意為之的，應該要積極去理解。

另外，就算是**本來不感興趣的主題，理解後會越來越有興趣，也會覺得越來越有趣**。當發覺到學習的必要性時，選擇適合自己容易理解的書籍，跟隨老師選擇適合自己的學校、科系等也是很好的方法。

「記憶」不是一味死背強記，理解才是記憶的捷徑。

要避免似懂非懂與愛面子！

理解是邁向穩固記憶的重點，似懂非懂與愛面子是NG的。當人邁入40歲左右，通常不會選擇易懂的入門書籍，又或是遇到不懂的事情不願求助他人。年紀增長而記憶力衰退的狀況其實是因為這些常犯的錯誤。

在買入門書籍的時候，我建議在書店中要選平著擺放的書，因為這些書籍比起在書架上的書賣得更好。可以的話，另外多買一本，將品質好的資訊與知識多儲存起來。

還有，確認自己的理解程度也很重要。「塗黑學習法」是可以瞭解程度的方法。本來是針對複習的讀書方法，但是也能用來測試自己的理解程度。

POINT

比起一味死背強記，
先將主題徹底理解才是鞏固記憶的捷徑

Mnemonics

11 藉由書寫活化大腦的「筆記記憶法」

手是第二個腦，邊理解邊筆記來幫助記憶

動手寫的記憶方法叫做「筆記記憶法」。用眼看、用腦記並不是記住事情的唯一辦法。也有其他像是朗讀、聆聽、散步運動等活化大腦的方法，都可以幫助記憶。

其中，動手書寫的方法是最有效的。因為五隻手指到手腕集合了許多連結到大腦的神經細胞，甚至可以說「手是第二個腦」。作家就是藉書寫獲得知識的最好例子。

動手寫來活化大腦

只要能不斷地
邊念邊寫，再困
難的英文單字也
能記住！

difficult difficult
difficult difficult
difficult difficult
difficult difficult

整理過後，複雜的文章也會變得簡單易懂

1556 年にカール 5 世が退位すると、ハプスブルク家はスペイン系とオーストリア系とにわかれた。スペイン王位をついだフェリペ 2 世は、広大なラテンアメリカ植民地のほかフィリピンをも植民地化し（フィリピンの名はフェリペ 2 世に由来する）、1580 年には王統のたえたポルトガルを併合した（1640 年まで）結果、文字どおり「太陽の沈まぬ」大帝国をつくりあげた。そしてヨーロッパでもネーデルラント・ナポリなどを領有して、国際的な対抗宗教改革運動の先頭にたった。

スペインの敵対国フランスでは、16 世紀のなかばころユグノーとよばれるカルヴァン派のプロテスタントが、政府の弾圧にもかかわらず勢力を増していた。プロテスタント・カトリック両教派の対立は、1562 年から約 30 年にわたる内戦（ユグノー戦争、1562 ～ 98 年）をひきおこし、スペインをはじめ諸外国の干渉を招いて国家統一をおびやかした。しかし結局、ユグノーの指導者であったブルボン家のアンリ 4 世〈位 1589 ～ 1610〉が王位をつぎ、国家全体の見地からカトリックに改宗したのち、1598 年ナントの王令でプロテスタントにも大幅な信教の自由を認めた。

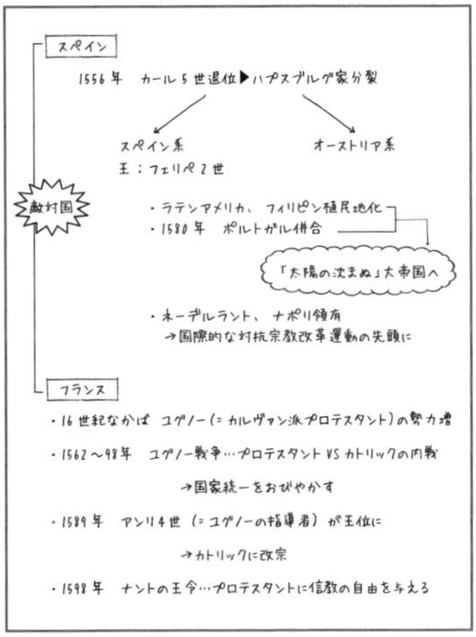
スペイン
1556年 カール5世退位▶ハプスブルグ家分裂
スペイン系
王：フェリペ2世
オーストリア系
敵対国
・ラテンアメリカ、フィリピン植民地化
・1580年 ポルトガル併合
「太陽の沈まぬ」大帝国へ
・ネーデルラント、ナポリ領有
→国際的な対抗宗教改革運動の先頭に
フランス
・16世紀なかば ユグノー（=カルヴァン派プロテスタント）の勢力増
・1562～98年 ユグノー戦争…プロテスタントVSカトリックの内戦
→国家統一をおびやかす
・1589年 アンリ4世（=ユグノーの指導者）が王位に
→カトリックに改宗
・1598年 ナントの王令…プロテスタントに信教の自由を与える

※参照:『もういちど読む山川世界史』（山川出版社）

作家並不是天生就博學多聞，而是透過調查和理解資訊，統整後寫下文章才會知識淵博。在前面的章節提到理解對記憶來說是很重要的步驟，當資訊在寫下時反覆複習，會讓知識更容易儲存。

一般人不大有機會出書，但是部落格、臉書與推特等社群網站也被認為有相同效果。如果可以的話，建議不要把自己的紀錄或想法用日記方式寫下，而是歸納後寫出主題或報導方式的筆記，如此就能增加專業知識，在職場上必要時也能快速從腦中讀取需要的資訊。

做筆記時要善用摘要與整理圖式

筆記記憶法在各種情形都能使用。不管是想記住艱澀的英文單字，或是演講及會議的內容等，寫在筆記本上就會有幫助。比起用眼睛閱讀記憶，**書寫因為使用了更多的神經細胞，更能快速且正確地記住。**

背英文單字的秘訣就是要不停地反覆抄寫直到記住為止。但若要將演講或講座的內容化為己用，就需要先注意做筆記的方法。比起長篇大論的文章，把重點與關鍵字用箭頭和畫圖等方法歸納會更有效果。

簡單明瞭會提高理解力，還有，不只是對方說的內容，寫下自己的感想或製作圖表後會更容易想起。

POINT

經過反覆書寫，
整理歸納後理解就會提高記憶力

Mnemonics

12

透過「複習」將短期記憶變成長期記憶

形成長期記憶的複習時機

記憶分成短期記憶與長期記憶，我們蒐集到的資訊，首先會以短期記憶的方式保存，如果就這樣放著的話只會留存非常少的一部分。而能將它記住，不自覺就能想起的狀態則為長期記憶。

要將更多的短期記憶轉換成長期記憶，必須把握時機反覆複習。

從短期記憶到長期記憶

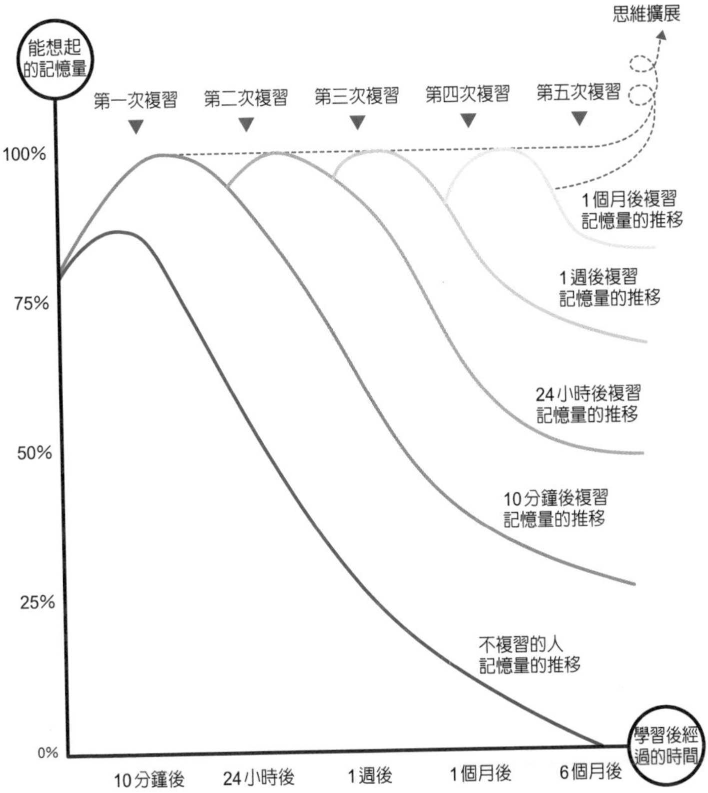
思維擴展
能想起的記憶量
第一次複習
第二次複習
第三次複習
第四次複習
第五次複習
100%
75%
50%
25%
0%
1個月後複習記憶量的推移
1週後複習記憶量的推移
24小時後複習記憶量的推移
10分鐘後複習記憶量的推移
不複習的人記憶量的推移
學習後經過的時間
10分鐘後
24小時後
1週後
1個月後
6個月後

複習的時機大約五回。首先是學習完的當下，最適合的時間點是學習完的10分鐘後，因為人類的記憶在這個時間點將會達到巔峰，只要把握此時複習，能記住的記憶量就會有很大的差異。而且，記憶在往後24小時內不會衰退，維持一定的高峰狀態。

第二次的複習時機是學習的24小時後。在第一次的複習還沒有忘記時，進行下一次的複習就能穩固記憶。這次的複習可以將記憶以很好的狀態維持1週至1個月。

反覆複習就能增加腦內的記憶量

第三至五次的複習要以不忘記之前複習的部分為目的。設定目標為1週後的第三次複習、1個月後的第四次複習、6個月後的第五次複習。若有必要，請試試1年後與3年後，這時大部分內容已經成為長期記憶了。

只要形成長期記憶，記憶就會在不自覺情形下想起，就像自己的姓名與地址能隨意想起一樣。能長期保存下來的記憶更能靈活運用，同時也說明了複習的重要性。

另外，如此**反覆進行複習後，記憶會開始在腦中發生變化**。令人驚訝地，記憶量將會增加到比之前學到的更多，這就是大腦不可思議的機制。

大腦在反覆複習的同時，會將之前學習到的所有內容進行組合的作業（知識會因此有關聯性展開），也就是從記憶進入到思考的階段。複習提供大腦一個高度學習的機會。

POINT

當記憶達到頂端時，
反覆複習就能形成長期記憶

Memonics

13

用關鍵字連結成故事記憶的「連結法」

多個項目最適合依照順序記

「連結法」指的是將想要記住的複數對象組合成故事來記憶的方法。

對於要按照順序記憶多個項目的時候非常有用，像是依時間順序記住日本的歷代首相、想要依照效率快的順序處理瑣碎的工作等狀況。

舉例來說，實際上的記憶方法如下：

- 申報出差費
- 打電話給仙台支社長

創造故事連結關鍵字

申請出差費 → 打電話給仙台支社長 → 預約去仙台的車票 → 預約大會議室 → 影印25份企劃書

出差費 ＋ 仙台支社長

仙台支社長 ＋ 車票

車票 ＋ 大會議室

大會議室 ＋ 影印25份

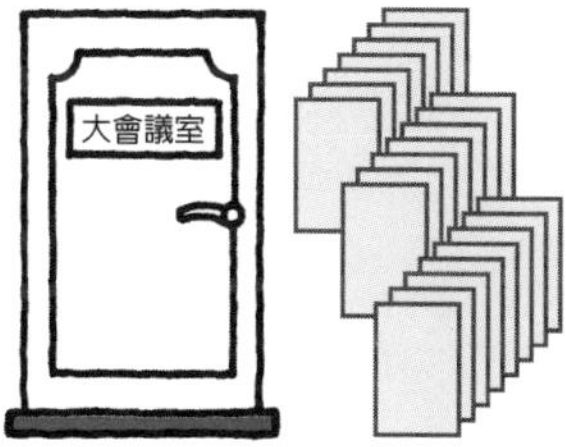

創造故事以外的秘訣

- 簡單的敘述
- 天馬行空、幽默感
- 利用顏色、味道，與觸感等感覺

- 預訂去仙台的車票
- 預約大會議室
- 影印25份企劃書

把這些工作細項組合成故事，如下：

「出差費被仙台支社長偷走了。但是仙台支社長幫我預訂了車票。那張車票在大會議室跳舞很有趣，所以把大會議室拿去影印了25份。」

在創造故事的時候要省略沒有關係或過於細節的要素，盡量簡化。另外，為了避免混淆順序，把關鍵的項目在故事中串連起來也是重點，連結時一定要將各項目一個對一個做出頭尾相連的組合。

影像化與視覺衝擊為叫出記憶的要點

剛開始使用連結法時可能會覺得創造故事很麻煩，但是實際執行會發現印象十分深刻，這是因為在**創造故事時腦海中會產生影像幫助想像**。

我們常會試著把事物用語言記憶，但是當還是小孩的時候，在記住「橘子」這個詞彙之前，一定會先記憶橘子的外觀。換句話說，比起語言，影像才會真正連結人類記憶。

要創造一個容易想起記憶的故事，運用人的感覺會比較容易記住。因此，一個天馬行空、幽默的故事較能給予衝擊刺激，也可以帶點不合理的誇張；另外，如顏色、味道、觸覺（痛感與溫度）等資訊也會影響感覺，容易留下印象。

POINT

將想記住的關鍵字串連，
創造有趣的故事較容易形成記憶

Mnemonics

14 活化大腦的「音讀記憶法」

就算沒有目的意識，也不會忘記的記憶法

應該有不少人念書時會邊發音邊背英文，像這樣大聲朗讀想記住的內容的方法就叫做「音讀記憶法」。這時就算沒有像「來挑戰英文」的目的意識，也能自然地記住。

比如說，小時候學會彈鋼琴，就算之後荒廢了幾年，還是能自然彈奏不會忘記。這是用身體記憶所以非常確實，可以說是不容易忘記的記憶法，也稱為「手順記憶」。

音讀會活化大腦內衆多神經細胞

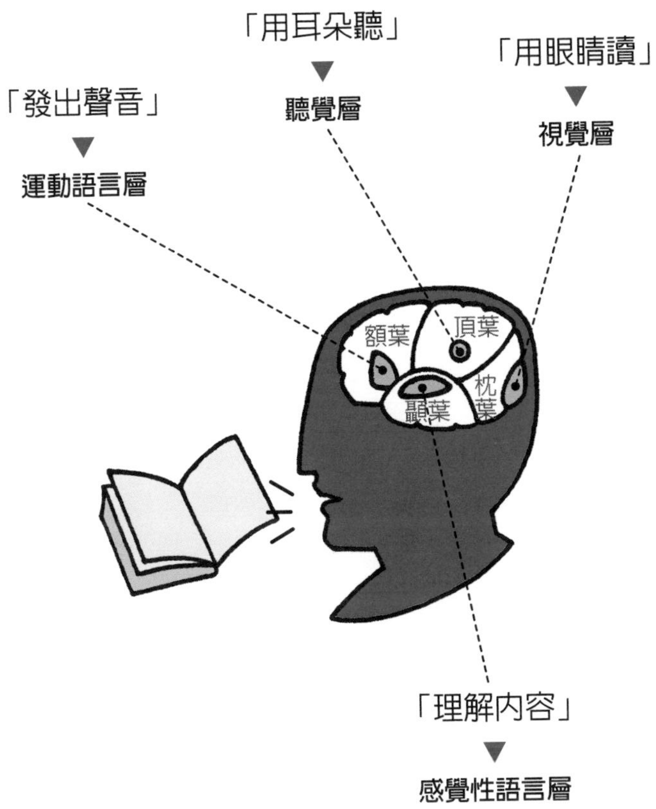

其中有利用肌肉來記憶的「運動性記憶」。當使用肌肉與肌腱時，運動會經由小腦傳遞到記憶中樞的海馬體，儲存於大腦皮層。運動性記憶的機制是這樣使用衆多的神經細胞來將記憶輸入腦海的，此種運動性記憶的代表就是「音讀記憶」與「筆記記憶」。

反覆朗讀背誦較有效果的原因

音讀記憶法的做法很簡單，只要在學習時大聲朗讀就可以了。默念書本不容易記住，但是對聽來的資訊卻會自然記住。這是因為透過聽覺得到的資訊比只用眼睛看時使用較多的大腦神經細胞，而音讀就是增加「發出聲音」這個行為。

「用眼睛讀」的行為使用枕葉的視覺層，為了要理解內容則會活化顳葉的感覺性語言層；「發出聲音」的行為則是使用額葉的運動性語言層；

「用耳朵聽」的行為會刺激頂葉的聽覺層。除此之外，也會使用到嘴巴附近跟底下的肌肉、聲帶，連帶著控制肌肉的小腦也會運作。

也就是說**音讀會活化大腦的四個區域（額葉、顳葉、頂葉、枕葉）裡所有神經細胞**。因此，反覆朗讀會更有效果，一定會成為無法忘記的記憶。

POINT

發出聲音反覆朗讀，
就能達成很難忘記的記憶

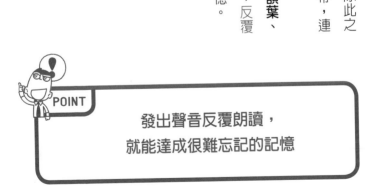

Mnemonics

15

頻繁接觸的「貼紙記憶法」

頻繁接觸就會連接記憶

人類有著將重複看到的事物自然記住的特質，利用這個特質的就是「貼紙記憶法」。

我們每天從早上起床到晚上睡覺為止吸收到各種不同的資訊。大腦的海馬體雖然接收到大量的資訊，但不是所有資訊都會被儲存，當新資訊進入時會有舊的資訊遭覆蓋。若要舉例的話，海馬體就像是可以覆寫多次的記憶裝置，並不是一直不斷地儲存記憶而已。

貼在會常看到的地方

廁所的門與牆

冰箱

床邊的牆

桌邊的牆、掛鐘旁

但是，若想要牢牢地記住資訊，有個有效的方法，就是增加接觸資訊的次數，藉由反覆不斷地接觸，大腦會將其視為必要的資訊，並把它連接到記憶中。

貼在看得到的地方，偶爾換不同地方

貼紙記憶法是在眼睛常會看到、重複看到的地方，貼上寫有想記住資訊的紙，貼在不會注意的地方是沒有意義的。

可以貼在廁所的門或牆壁、桌前的隔板或旁邊的牆壁、書桌與餐桌、掛鐘旁、床邊的牆壁、冰箱……等，只要是眼睛會看到的地方都可以，在頻繁看到的時候就會不經意記住了。

此時應該將想記憶的資訊整理、單純化。長篇文章就算每天看還是不容易記憶。另一個重點是，盡量寫在大尺寸的紙上才會對視覺有衝擊性。寫在A4以上的紙上吧，也可利用彩色的文字與圖表增加視覺效果。

在觀看的過程中，覺得已經背起來的話，也可以做個測驗確認。先把紙上部分資訊遮住，等自己想出來後再確認答案是否正確。這樣就能知道自己掌握了多少資訊，等到覺得都沒問題了，就能換不同的貼紙。

貼紙記憶法是將每天的習慣當成複習，可以將短期記憶轉為長期記憶。

POINT

靠著不斷反覆觀看，大腦會將其視為必要的資訊，並把它轉變為長期記憶

Mnemonics

16 天馬行空的「數字聯想法」

利用數字諧音與關鍵字創造故事

「數字聯想法」使用於想將事物編號並記住順序時，這個方法首先要記住發音或韻母類似的數字，再將那個數字配合事物創造故事來記憶。

數字聯想取其諧音，例如1為衣架、2為鵝、3為三角尺、4是四葉幸運草……等要領。

試著將數字與關鍵字用圖像來連結

STEP 1 將數字對照圖片

1. 衣架　2. 鵝　3. 三角尺　4. 四葉草　5. 舞者

STEP 2 把想編號的關鍵字視覺化

1. 電腦　2. 鑰匙　3. 原子筆　4. 銀行　5. 會議室

STEP 3

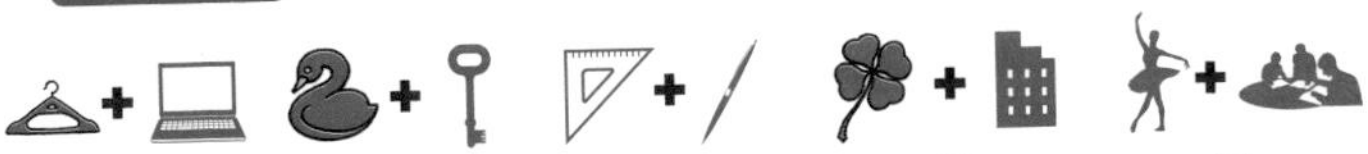

⇩ 晾在衣架上的濕電腦，搖搖晃晃快掉下來的樣子

⇩ 鵝與鑰匙打架，鑰匙緊緊套住鵝的脖子，鵝氣得臉紅脖子粗

⇩ 三角尺裡面放進原子筆後就爆炸了

⇩ 這是一間儲存幸運的銀行，一株四葉幸運草代表一次的好運

⇩ 匆忙趕到會議室開會，卻只有一名芭蕾舞者在大會議桌上跳舞，並拉著我一起跳起天鵝湖

只要容易聯想什麼都可以，1為薏仁，2為餓也沒關係。

像這樣自己決定要如何配合1～10的諧音後，接下來將想與數字連結的關鍵字組合起來創作故事。

舉例來說，如果關鍵字1為電腦、2為鑰匙，那1的故事就是「晾在衣架上的濕電腦，搖搖晃晃快掉下來的樣子」；2的故事是「鵝與鑰匙打架，鑰匙緊緊套住鵝的脖子，鵝氣得臉紅脖子粗」像這樣盡情發揮想像力。

越獨特的故事越能提升記憶力

應該已經有人察覺到了，連接數字與關鍵字時就像連結法（第62頁），用獨特的故事加深印象，會更容易記住。

在創造故事時，想像的內容是否有趣、是否能更誇張更有魅力、是否能刺激五感（味覺、嗅覺、視覺、聽覺與觸覺）、故事是否活潑、是否動態，像這樣檢視，內容也會變得越來越獨特。**當越來越能發揮想像力後，記憶力也會不斷提升，**如孩童般不受限制的想法越能激發優秀的記憶力。

POINT

用獨特的想法連結數字與關鍵字，可以提高記憶力

Mnemonics

17 分段記憶的「分段法」

人只能記住大約7個左右的數量

你是如何記電話號碼或地址這一長串的數字與文字呢？電話號碼的話，一般來說會把號碼拆成3、4個數字分組記憶，像這樣將想記住的資訊切割、群組化的方法稱為分段法（Chunking）。

人一次能記憶的數量是有極限的，這個極限通常是7個左右，所以被稱為「魔術數字7」。像是資訊量少的數字，或是資訊量有一定程度如名字等，不可思議地大多只能記住7個左右。

太複雜時試試看用分段與群組來記憶

02-2935-2758

↓

02-29-35-27-58

鈴兒 – 惡狗 – 珊瑚 – 惡妻 – 我爸

分段後再配
合押韻會更
容易記住！

CANNACGON

↓

CAN-NAC-GON

ㄎㄟ　ㄋㄚ　ㄍㄨㄥ

兔子、猴子、烏龜、螃蟹

↓

「兔子與烏龜」「猴子與螃蟹」

只要分成
兩個群組
就好！

仔細想想，一個星期有7天、彩虹有7個顏色、其他像是7種道具、7種草藥等，有很多事物都以「7」這個數字歸納，或許這是前人從經驗法則中發現這樣比較容易記憶。

不管是數字、地區還是單字只要分組就OK

分段記憶法運用在數字上，就像將電話號碼切割記憶一樣，把10～11位數的數字以3或4個數字分段記憶，就像0229352758這個數字分成02-29-35-27-58會比較容易記住。

如果搭配諧音賦予各個數字一些意義的話會更容易記住。以上述數字為例，02（諧音：鈴兒）、29（諧音：惡狗）、35（諧音：珊瑚）、27（諧音：惡妻）、58（諧音：我爸）。雖然沒有什麼含意，但是反而會留下印象。

不僅是數字，要背很長的句子與大量的資訊時也能夠使用分段記憶法。例如，CANNACGON可以分成CAN-NAC-GON較容易記；兔子、猴子、烏龜、螃蟹也可以分類成兔子與烏龜、猴子與螃蟹會更容易記住，（以龜兔賽跑與猿蟹合戰的故事作啓發）。

這也能使用在學習外語的時候。一般傾向多背單字，但是比起單字背成語更好，比起成語背短句反而能促進理解，也會更容易記憶。

POINT

用分段與群組將
帶有大量資訊的事物分成7份左右

Mnemonics

18

穩固記憶的「睡眠利用法」

睡眠能增加記憶的持續力

人類在疲勞的時候無法發揮實力。當然，睡眠不足除了降低工作與運動的效能外，記憶力也會衰退。

首先是專注力降低。為了記憶事物，特別是要記住不容易引起注意的領域時，是否能集中注意力就是記憶的關鍵。

高品質睡眠的好處

充足的睡眠能提升
集中力

不必要的資訊不會進來，
記憶能好好保存並維持

當天取得的資訊
能被整理

消除壓力，
防止海馬體萎縮

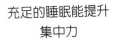

依照大腦研究指出，睡眠時間少於5個小時記憶力會顯著衰退。如同很多人感覺到的：睡得好、頭腦清楚、專注力會提升。若要發揮專注力，必須確保有6個小時以上的睡眠時間。

另外，睡眠也能提高記憶的持續力。睡著會比醒著時更容易記住事物，這是因為清醒時大腦會無意間接收各種資訊，記憶會不停地覆寫。相反地，睡眠時不需要的資訊會被阻擋在外。因此，睡得好能原原本本地固定儲存的資訊。

也就是說，若有想要牢記在腦中的記憶，比起努力硬撐清醒著，先睡一覺會比較好。此外，睡眠時大腦會整理、記錄當天獲得的資訊。

壓力會導致記憶力減弱

睡眠對大腦的影響與壓力也有關係。若長期處於高度壓力下，位於大腦邊緣與記憶相關的海馬體將會萎縮；也有一說認為海馬體萎縮會把記憶切成片段，若好不容易記住的事物被切割的話，是無法好好地刻印在腦中保存的。

睡眠不僅能消除身體疲勞，還有排除平日累積壓力的功能。所以，睡眠消除壓力對於大腦與記憶的影響極深。

無論如何，確保良好的睡眠與消除壓力是很重要的。

POINT

睡眠時記憶能原原本本地固定住，不會被覆寫

Mnemonics

19 活用早晨時間的「清醒複習法」

早晨是最適合複習的黃金時間

獲得充分睡眠的翌日早晨，往往能神采奕奕地醒來。最近常會看到上班族利用上班前的時間，在咖啡廳或速食店邊吃早餐邊學習，他們應該是感受到比起半夜睡眠惺忪地讀書，神清氣爽的早晨腦袋的反應更好。

最適合早晨的念書方法是複習。如同睡眠利用法（第82頁）所述，一整天汲取的資訊會於睡眠中儲存在大腦，此外獲得的資訊也會經過整理後記錄下來。

複習的時間不用長

【課題】記住10個英文單字

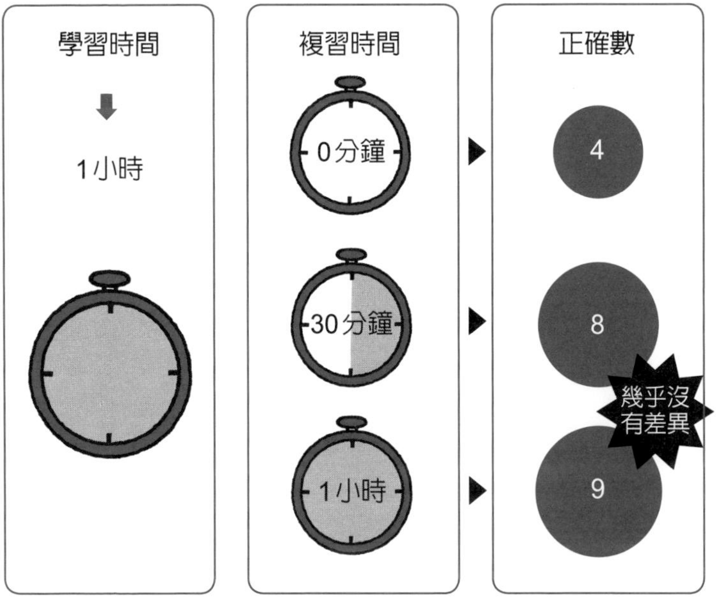

- 複習可以提升記憶的保持率
- 複習所花費的時間不用太長

＊此為克魯格的實驗之簡化示意圖

換句話說，剛起床的時候「記憶保持」已經做好前置準備狀態，一定要利用這段時間。若想將前一天學習的內容轉換成長期記憶儲存的話，就一定要準備複習的時間。

也可以說，早晨是複習的黃金時間，試著活用它來確保記憶。

複習時間應在短時間內有效進行

清醒複習法可以使用在上班前的短暫空檔也沒有關係，已有研究證明記憶保持與複習時間的關聯性。

德國萊比錫大學的心理學家克魯格（Felix Emil Krüger）曾經進行過複習時間長短對記憶固定單字數量的影響程度實驗。記憶單字時，花費初次記憶的一半時間複習，與初次記憶的同等長度時間複習，兩者間的記憶保持率並沒有太大差距。舉例來說，花了1個小時記住10個英文單字，在

30分鐘的複習後確實記住的單字有8個，而花了1個小時複習則是9個單字，兩者間的差異不大。

換言之，複習時間不是越長就越好。所以複習也可以用零星的時間，像是上班前的30分鐘或1個小時等短暫時間，只要能有效進行即可。這個差別會在未來的記憶量上有著顯著差異。

POINT

早晨進行短時間的複習
長期下來記憶量就會有顯著差異

Mnemonics

20 歸納相似資訊較容易記憶

利用「概括」來促進對內容的理解

一字不差的背誦能力巔峰期約在8～9歲時；而包括語言理解能力等整體記憶的能力將在20歲到30歲期間持續成長茁壯。

這代表著，成為大人後比起死記硬背，注重內容理解會較容易記憶。

這裡介紹有效理解內容的方法。

將類似事物概括歸納後記憶

例

【寬廣】

large
mass
open
rangy
thick
wide

【狹窄】

contracted
incapacious
narrow
small-bore
tight

【書寫】

address
compose
indite
letter
margin
write

【演出】

clown
do
perform
play
portray
represent

【聰明】

brainy
clever
sage
sharp
smart
wise

【儲存】

charge
check
deposit
entrust
give

心理學有個著名的實驗叫做「巴布洛夫制約（Pavlov conditioned reflex）」。實驗是在餵食飼養的狗之前讓其聽鈴聲，這個習慣持續後就算不餵食，只要聽到鈴聲，狗就會出現流口水的條件反射行為。

這個實驗後續還有以改變聲音的條件來進行。在實驗室裡給狗聽兩種不同周波數的聲音之後再餵食，例如500赫茲與1000赫茲。結果，無論是聽到哪一種周波數的聲音，狗都會因為條件反射而流口水。

像這樣用特定刺激設定條件，當有類似刺激時大腦會引起一樣反應的現象稱為「概括」。將其使用在記憶階段就會得到將類似資訊歸納後記憶效果更好。

歸納記憶較容易想起

為了將概括使用在記憶法上，需要將類似的事物歸納來看。舉例來說，在背英文單字時將意思相近的單字歸納在一起；背中文字的時候相同部首的字歸納起來記憶會比較有效率。

同樣地，使用概括方法想起事物時也會有相同效果，因為被歸納的事物能像鑰匙串一樣連鎖想起。

概括歸納的方法就像在記憶這個抽屜裝上了把手一樣，無論是記憶或想起時都很方便。

越是忙碌的上班族在學習新事物時，歸納後記憶會更有效率。

POINT

將類似資訊歸納後記憶
容易記住也容易想起

Mnemonics

21

用大↓中↓小來記的「三步驟記憶法」

理解「分化」並階段性掌握事物

在「巴布洛夫制約」的實驗（第92頁）裡，讓狗聽兩種不同周波數聲音再餵食，結果無論是哪種聲音都會引起條件反射。在那之後又進行了只讓狗聽這兩種聲音其中一種後餵食的實驗。

結果，發現狗只對有聽過的那一種聲音產生反應，像這樣當有複數條件存在時只針對特定條件反應的事情稱為「分化」。

大致掌握順序流程後 逐一理解細節內容

要背的內容

1556年卡爾五世退位後，哈布斯堡家族分成了西班牙系與奧地利系。繼承西班牙王位的飛利浦二世除了殖民廣大的拉丁美洲以外，也將菲律賓納入殖民版圖（飛利浦二世爲「菲律賓」國名的由來）。1580年兼併王權衰弱的葡萄牙（到1640年）後，建立了「日不落」大帝國。在歐洲也將尼德蘭、拿坡里等納入旗下，爲國際對抗宗教改革運動的領頭羊。

西班牙的敵對國法國在16世紀中，稱爲休京諾派的卡爾文思想新教派在受到政府的迫害下持續增強勢力。新舊教派的對立引發了從1562年開始爲期大約30年的內戰（休京諾戰爭，1562～1598年），國家的統一受到以西班牙爲首諸國的干涉威脅。結局卻是由休京諾首領的波旁家亨利四世繼承王位（在位1589～1610年），爲了國家全體的觀點皈依了羅馬天主教，爾後在1598年頒布南特詔書，准許新教徒擁有崇拜與信仰自由。

＊參考：「再讀一次山川世界史」（山川出版社）

用三步驟來記！

大 16世紀中旬

宗教戰爭時代

西班牙與法國對立

➡

中

西班牙：「日不落」大帝國

法國：天主教 vs. 休京諾新教

➡

小 西班牙

飛利浦二世

殖民地：拉丁美洲、菲律賓

兼併：葡萄牙

所有：尼德蘭、拿坡里

亨利四世

休京諾（卡爾文思想新教派）的首領

休京諾戰爭後繼承王位，改信天主教，南特詔書

Mnemonics

巴布洛夫實驗的狗也不是突然就能分辨聽到的多種聲音，並對飼食產生反應的。首先是讓牠聽到「聲音」，其次理解到「聲音也有種類」，最後才學會區別「聲音的不同」。

這種情形並不單只會影響狗，對人類也有同樣功效。

如同這個實驗瞭解到的，為了理解事物進而記憶，需要階段性掌握才能正確地理解，並能分辨條件，這是在整理事物上重要的事情。

首先要大略地掌握整體內容，慢慢地理解細節部分較好記憶。

理解「分化」並階段性掌握事物

實際在職場上需要記住報紙與書本上的長篇文章或商業文書的內容時，不建議第一次讀就死背。首先要將全文先大略看過、掌握內容；接下來把握流程，最後將細節部分的內容咀嚼理解後才記憶。

像這樣把內容依照大↓中↓小階段來記的方法稱為「三步驟記憶法」。

例如，要背歐洲的歷史時，一開始先將全體的順序大致讀過掌握，接下來整理各個國家發生過什麼事，再配合年代來記憶。如此才能接近資訊與知識的核心，理解度也能提升。能理解才會容易記住，也更容易將其導向長期記憶。

POINT

把事物依照大→中→小階段
理解更容易留在記憶中

Mnemonics

22 創造提示來想起的「聯想記憶法」

只要能想起線索就能恢復記憶

你是否有這樣的經驗呢？聽音樂時，腦中會不經意間浮現曾經常去的地方與當時情人的臉，或是在會議中想不出來的點子在看某些文件時瞬間就想到了。

人類的大腦有著不可思議的構造，當有了不知不覺接觸的詞彙、場所與味道等契機，原本想不起來的事物突然就想起來了。

擴大印象並以視覺化創造提示

① 用諧音組合背英文單字

clot＝血塊

「喀啦！血塊讓人昏倒」

② 利用連結法背英文單字

「大西洋的海邊有被絆倒的人」

（＝Atlantic）　　（＝stumble）

Memonics

這就是不管多久以前獲取的資訊，其實還殘留在腦中並沒有忘記的證據。

曾經有些人因為壓力的緣故而遺失過往一部分的記憶，根據片段的記憶，徘徊在母校與去過的餐廳等地後就恢復了記憶。這都是因為在徘徊時，記憶的順序與關係得到了整理。

也就是說，只要有相關的線索，就能靠它來恢復記憶。像這樣用某種線索拼湊、記住事物，稱為「聯想記憶法」。

運用印象連結提示與記憶目標

聯想記憶法的要點在準備大量可以用來想起、提示的事物。大腦與神經迴路對於一件資訊不只保有一條神經迴路，只憑一條是無法判別所有送到大腦的大量資訊。因此，在處理資訊時是會重複使用神經迴路的。

利用這點，只要能將幾個可以聯想的提示一起記住，能聯想到的印象越多越廣越好。

舉例來說，在背英文單字時，單字與中文的意思用諧音組合記憶時，當時的印象也會一起記住。或是運用連結法（第62頁）創造故事時將那個場景的印象邊想像邊記也很好。

無論如何，比起死背英文單字，運用鮮明的影像更能刻畫在腦中，並且可以成為想起時的提示線索。

POINT

記憶時一併記住能當作想起的提示線索的事物

23 用具像化的數字一併記憶的「數字形狀系統」

將數字具像化創作故事

「數字形狀系統」可以使用在想同時記住事物和其順序的時候。利用類似前面介紹過的數字聯想法（第74頁）的概念。

數字形狀系統是先想像1～10的數字形狀，再將跟它類似形狀的事物配對。

用數字的形狀與關鍵字說故事

STEP 1 將數字的形狀換成圖像

1. 鉛筆　2. 天鵝　3. 嘴唇　4. 帆船　5. 蛇

STEP 2 將想編號的關鍵字視覺化

1. 排球比賽　2. 社長室　3. 帳單　4. 影印機　5. 加油站

STEP 3 將步驟1與步驟2組合成為故事

- 鉛筆們在體育館舉行排球比賽
- 天鵝在社長室游泳造成騷動
- 嘴唇被帳單割到，好痛
- 用影印機把帆船量產
- 加油站油槍纏繞著蛇，好噁心

1有著細長、筆直的形狀，就像是鉛筆，因此將1想像成「鉛筆」來記。

是不是曾經在繪本看過為了讓小孩子容易記住數字，而把數字畫得像某些東西呢？就和那個概念是一樣，讓想法充滿彈性吧！

例如，「2是天鵝」、「3是嘴唇」、「4是帆船」、「5是蛇」這樣的感覺。試著用自己獨有的方式發想。

接著是確認想編號的事物，在這裡假設1為排球比賽、2為社長室、3為帳單、4為影印機、5為加油站。

將上述這些事物跟剛剛的數字視覺圖像組合起來，自由創造故事。

舉1的例子，鉛筆與排球比賽組合起來的故事：「鉛筆們在體育館舉行排球比賽。雖然個子很高適合打排球，但是鉛筆尖尖的筆頭好像要纏在球網上了，讓人捏把冷汗……」像這樣子將故事與感想串連後會更容易記住。

故事要獨特並讓人印象深刻

數字形狀系統的訣竅在於將數字與想像圖像刻印在腦中。自己想出來的東西就好，到目前為止感覺好像還不會很難記，試著選擇隨機的數字，讓數字的影像能瞬間想出來。

請創造出印象深刻，會讓大腦嚇一跳的故事。

另外，為了使大腦能夠浮現更鮮明具體的影像，也是可以使用各式各樣的顏色，或是試著利用能刺激五官的味道及香氣等等來表現，那樣記憶才容易保存，也容易想起。

POINT

將數字視覺化，和想記住的事物一起設計成獨特的影像

Mnemonics

24 創造理想房間的「場所記憶法」

設計自己獨有的空間

場所記憶法是個適合喜歡室內布置、繪畫和旅行的人的方法。玩心也很重要，靠著不同的發現並將其融入文化，古代羅馬人喜歡使用，可以知道它是創造性的記憶法。

首先，由想像一個空間開始，可以是家、便利商店、捷運站、百貨公司，或是城堡一樣的建築物也沒關係。

熟悉場所記憶法

【提升場所記憶法效果的訣竅】

⬇

1. 試著畫出想像的空間
2. 畫出那個房間的平面圖
3. 設定房間深度，試著走在其中
4. 想像房間的顏色、觸感與味道等

【場所記憶法的優點】

⬇

1. 可以有自己記憶的原則
2. 可以隨心所欲設計
3. 能實現心中的理想
4. 左右腦都能受到刺激

Memonics

以家為例子，想像玄關與走廊的配置，接著是房間的氛圍、窗戶的位置等；發揮想像，設計出自己的理想房間。

想像要具體，例如床與餐桌是如何擺設，上面有什麼東西等細節也需要決定，但沒有任何規則。反而是反映你的興趣，有原創性這點最重要。

像這樣的感覺，「當打開門時，映入眼簾的是有著巨大長方形空間的房間。靠近門的右側有個很大的花瓶，裡面有許多五顏六色的玫瑰。房間的中央擺放著細長的玻璃餐桌，桌上放著水果與2個玻璃酒杯。餐桌邊排著3張黑色有造型的椅子，正中間坐著1位穿紅禮服的夫人，女傭在餐桌另一端。」

善用創意把想記住的事物放進房間裡吧

自己描繪的空間完成後，場所記憶法就準備好了，剩下只要放入想記住的事物即可。例如，怕忘記訂慶祝的花送到A公司這件事情，就將它與

房間內的東西連結成影像：「玻璃杯的底端不知道什麼時候纏繞著慶祝用的蝴蝶蘭」。

房間裡面的品項越多，越能保存記憶。也可以想像很多個房間，再將想記住的事物放入不同的房間也沒關係。無論如何，用獨特且豐富的想像來進行是很重要的，請試著將想像力拓展到無限大。

POINT

將印象深刻的記憶
植入想像的房間內

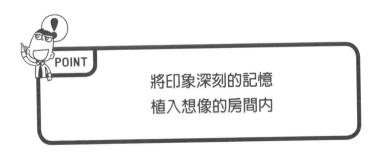

Mnemonics

25 集中一點來記的「中文字記憶法」

記憶是為了不要忘記

應該有很多人在小學時候，曾經在格子簿裡反覆寫著中文字吧。但是等到長大成人後，已經沒有時間反覆去做相同的事了。

在某種程度上，已經有中文知識的成人想要記住新的中文字時，有個最有效率的方法。

「中文字記憶法」的基本重點就是不要去記，雖然這很矛盾，但是我們大腦的特性是越想要記住反而越容易忘記。

練習中文字記憶法

記住「慶」這個字

1 正確地寫出「慶」

2 只看部分，找出最容易忘記的地方
※假定為心上的橫槓的部分

3 將橫槓的部分圈起

4 念出「心的上面是永字八法的策（橫）與掠（撇）」

5 再一次正確地寫出來

6 選5～10個其他想記住的中文字

7 再一次寫出來當作複習

8 隔天、一週後再寫寫看

此外，我們大腦會在看到的瞬間記憶映在眼中的事物。問題在於無法將其想起，但是只要能找到那把喚醒記憶的鑰匙，就能想起記憶。

中文字記憶法就是利用這點，只正確記住很難想起的事物，把它當作線索後，再想起剩下部分的方法。例如，「喜」這個字是由十、豆、口所組成的。你覺得最難想起的部分是什麼呢？試著把它圈起來，請找出最容易弄錯的地方，然後鎖定記憶。

只要少少的複習就能準確記住

那麼用「慶」這個字來試試看吧。這個字由幾個部分組成，其中最容易弄錯的應該是「心」上面的部分。常常會把它跟寶蓋頭搞混，想不出來裡面的筆劃到底是什麼。因此，先寫一遍「慶」之後，實際用筆圈起這個部分。而且在專心看著這個部分後，試著念出「心的上面是永字八法的策（橫）與掠（撇）」，然後再寫一次「慶」這個字。

接著選5～10個其他難以記住的中文字用一樣的要訣練習看看，結束後再寫一次當作複習。

在這樣練習後大致都能記住，但是要形成更正確的長期記憶，請在隔天、一週後再寫一次，寫10個中文字不會花多少時間的。

POINT

專心記住中文字中容易忘記的部分，以它為線索去想起其他

Mnemonics

26

簡化地圖的「地圖記憶法」

記住世界地圖，就會對世界更感興趣

就算是已經國際化的現在，能正確掌握國外主要城市地理位置的上班族還是不多，也許是因為沒有與外國客戶做生意的實際需求，說不定就覺得不需要特別記住。但是若能瞭解地理，當在新聞中聽到地名時就會不由自主地注意，從此點開始持續擴展知識，在某一天也許會有幫助。

雖說如此，但是要記憶地圖時，大部分僅有視覺要素，要死背是很困難的。這時簡化地圖，再從中做出導引線索幫助記憶的方法稱為「地圖記

地圖記憶法練習

基隆地區的例子

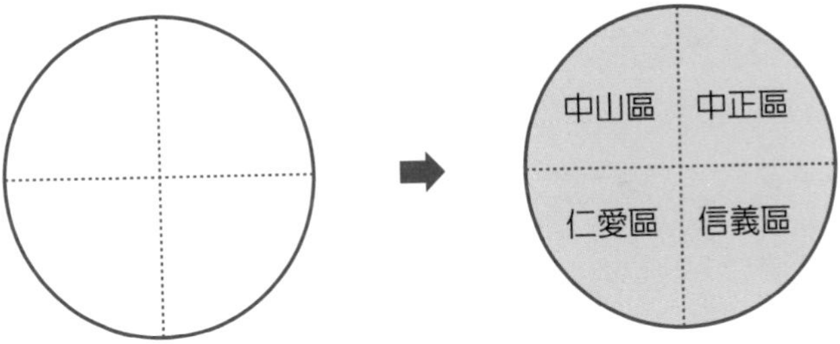

1. 畫出圓十字
2. 看著地圖寫入行政區名，以相對位置來記
3. 再畫一個圓十字，不看答案寫入行政區名
4. 若有行政區寫錯，再確認一次後記住

台灣的例子

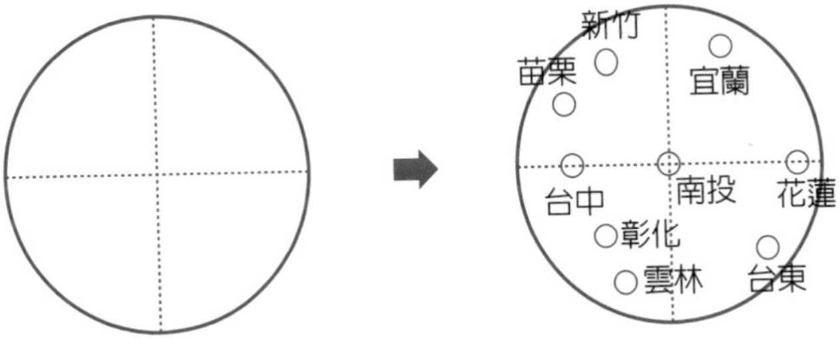

1. 畫出圓十字
2. 看著地圖決定中心的縣市，其他的縣市也一併寫下記住
   ※ 假設中心為南投
3. 再畫一個圓十字，不看答案寫入縣市名
4. 若有縣市名寫錯，再確認一次後記住

Mnemonics

憶法」。

只要用圓十字就能記住任何地圖

地圖記憶法是在該地圖中心畫出十字的圓形。不需要用羅盤或圓規，只要用手畫即可。畫好後填入想記憶的地區，以基隆為例，圓形因為十字的關係劃分成四塊，分別是右上的中正區，左上中山區，右下信義區，左下仁愛區，所以將這些行政區分別寫在這四塊。然後，試著不看答案在圓十字中各區塊依照位置寫入各個行政區，若是有想不出來的區域，邊念「右下是××區」來記憶。

基隆是個非常容易懂的例子，圓十字可以適用任何地圖。

再以台灣為例。首先，畫出圓十字，決定哪個縣市為中心，大多數的情況會選擇自己較熟悉的區域為中心。若選擇南投的話，十字的中心就在南投，並圈起來。看著地圖，其他縣市的相對位置也畫上圈。針對十字，確認有幾個圈、位置分布，並記住。

然後，再畫一個圓十字並把中心放在南投，不看答案用畫圈方式指出各縣市分別在哪裡，確認是否還記得，若想不出來就再記一次。

試試看其他地方，最後把目標設定為征服世界地圖吧！

POINT

以圓十字為基準，
簡略化理解各相對位置關係

Mnemonics

27

將發音與拼法對應來記的「英文單字拼字記憶法」

避免拼字錯誤的有效記憶法

說到背英文單字，就是求學時辛苦的代名詞。就算能記住，也因為數量眾多，讓很多人感到厭煩。

英文單字的背法，一般都是反覆謄寫、製作單字卡，或是用諧音記憶等技巧。雖然都是有效的方法，但是還有一種有效利用集中力的方法，稱為「英文單字拼字記憶法」。

練習英文單字拼字記憶法

picture 的例子

pi c tu re	ㄆㄧ ㄎㄜ ㄑㄩ ㄦ	圖 畫
↓	↓	
(pi) c tu re	(ㄆㄧ) ㄎㄜ ㄑㄩ ㄦ	圖 畫
↓	↓	
(pi)(c)(tu)(re)	(ㄆㄧ)(ㄎㄜ)(ㄑㄩ)(ㄦ)	圖 畫

light 的例子

l i gh t	ㄌㄜ ㄞㄧ ㄊ	光 線
↓	↓	
l i gh t	ㄌㄜ ㄞㄧ ㄊ	光 線
↓	↓	
(l)(i)(gh)(t)	(ㄌㄜ)(ㄞㄧ)(ㄊ)	光 線

因為能夠縮短時間，所以特別適合忙碌，或是想在短時間內記憶大量單字的人。

「英語單字拼字記憶法」是將拼音以及相對應的發音圈起來，對照記憶的記憶法。專注於互相對應的部分，較容易快速理解。由於運用單字本或是押韻諧音記憶的方式，比較容易拼音錯誤，在這層意義上，使用此種記憶法，較可以減少錯誤發生。

將拼法與發音分開畫圈

實際練習來掌握各個步驟。

「picture」的讀法是ㄆㄧㄎㄜㄑㄩㄦ，意思是圖畫，所以寫下「picture　ㄆㄧㄎㄜㄑㄩㄦ　圖畫」。像這樣將拼字與讀法發音一個一個分開，並逐一畫圈。也就是說，拼字分開為pi・c・tu・re，讀法也分成ㄆㄧ・ㄎㄜ・ㄑㄩ・ㄦ，確認pi與ㄆㄧ、c與ㄎㄜ、tu與ㄑㄩ、re與ㄦ都能互相對應，然後圈起作記。

這就是整理並記住哪個拼字對應哪個讀法的方法。這麼一來，畫圈的瞬間就能理解，並連結記憶。這時，請先不要將讀法與拼字圈在一起分成4份來對應進行。

重點是必須要由拼字→讀法逐一對應。

有時某些單字會出現不發音的字，例如：Light裡的gh。這種情況下，gh的部分是最容易出錯的。所以將拼字分成l．i．gh．t，發音則分成ㄌㄜ．ㄞ一．ㄊ，gh另外畫圈作記。將要注意的地方區分開來，因為有特別留意就不容易忘記。

畫圈後，再寫一次確認是否記住，若有錯只要將出錯的部分重看後再寫一次。

這樣就能記住英文單字，請務必試試看。

POINT

將發音與拼法互相對應並畫圈
能促進集中與理解

COLUMN 2

電話號碼的背法

電話號碼要以諧音生義為基礎記憶

提到有很多位數又很難背的數字，就是電話號碼了。

電話號碼通常有8位數，行動電話則有10位數。

電話號碼如同分段法（第78頁）記載的，可以由區碼開始以2位或4位數分開來背。但是就算位數減少了還是很難記住，這時就要配合諧音生義了。

現實中，企業與店家的洽詢專線號碼也常活用諧音。如：生命線的1995＝「要救救我」，Pizza店專線28825252＝「餓爸爸餓我餓我餓」，掌握特色產生音義關係，像這種令人覺得特別的例子，自然就容易記住。

試著設計發想自己與公司的電話號碼吧。

高雄有一間花店業者為了讓客戶容易記住店裡的電話號碼，特別選擇856148數字，聽起來就像是「幫我留一束花」，巧心思成功讓花店業績越來越好。

就算是這樣，有時還是會有怎麼樣也沒辦法拼湊組合的情況。這時請試著用數字聯想法（第74頁）與數字形狀系統（第102頁）。

除了電話號碼以外也能應用在其他地方，請務必嘗試看看。

NOTE

PART 3

激發回想力的記憶法

Mnemonics

Mnemonics

28

對成人來說「回想力」比「記憶力」更重要

頭腦好的人就是回想力高的人

之前說明過，記憶分成「記住」、「保持」、「想起」這三個階段。

當年紀增長，最後一個階段的輸出變得最為重要，也就是「回想力」。就算靠著反覆輸入把知識硬塞進腦袋裡，也不代表隨時都能在必要情況下將那些知識找出來。常常有一些人雖然沒有那麼多的知識量，但是能在報告或演講時技巧性地釋出資訊，令人覺得他是個博學多聞的知識分子。

以「記住」為目標的學生
以「想起」為目標的成人

像這樣的人特別能將自己擁有的知識有效達成最大限度的運用，也就是「回想力」高的人。

比起輸入的「知識量」，「能想起的量」更重要

那麼，要如何提升「回想力」呢？

如果怎麼想就是想不起來，卻在聽到答案時驚呼「啊啊！就是那樣」這代表你成功做到了記住與保持的部分，可以說只剩下最後階段的想起沒有成功而已。

換言之，上了年紀的人並不是記住力衰退，反而可能是回想力減弱了。

所以在成為大人的現在，「以輸出為目的的輸入」才是提高回想力的重點，也就是「以想起為要點的記憶」，以「這個知識是什麼時候、在哪裡、怎麼使用的？」、「要和什麼連結記憶才好？」的概念記憶。

還有像是在學生時期的考試解題，針對需要大量細節知識的考試，與要求以涵義為基礎的論述問題的對策不同，針對什麼樣的目的來想起，其習得的技巧與讀法也會不同。

出社會後年紀越大，這種「回想力」越重要。**需要的不是知識的量，而是以想起為基礎來創造價值**。達到「增加能想起的記憶量」才是出類拔萃的捷徑。

POINT

達到「增加能想起的記憶量」
才是出類拔萃的捷徑

Memonics

29 與其死記名字不如從「具體的情報」開始記

記住有關目標人物的附屬資訊很重要

進入社會後（雖然要看是哪些行業），不過大多還是有機會結識許多人，並對話交談。要在短時間內記住初次見面的人的名字與長相、職位、談話的內容等繁瑣資訊非常困難。

那麼，應該優先記住什麼？

要先記住的不是「名字」，而是對方是「什麼樣的人」這類的資訊，也就是說重要的是附屬資訊。

「姓名」與「具體資訊」的關係圖

例如，想要委託工作給只有一面之緣的人時，就算想不出他的姓名，只要記得公司名稱或職位，或當時的生意等資訊，就可以利用電子郵件的搜尋功能尋找。

反過來說，要是不記得對方是什麼樣的人，只記得姓名卻不清楚是否適合委託，由此可知資訊的內容是很重要的。

另外，就算已經見過好幾次面卻想不出對方的名字時，若已記得對方喜好的話題，就能以「最近高爾夫打了哪些球場啊？」進一步交談，這樣的方式比起只記得對方姓名更能拉近彼此的距離。

因為，人對於對方能具體記住跟自己有關的資訊時，會感受到關心，進而抱持好感。

可以說在人際關係裡，能將「對方的附屬資訊」記住是非常有價值的。

詞彙本身並沒有資訊內容

不只是人名，地名與用語等詞彙都是一樣的。

就算想不出名稱，只要有圖像或周邊資訊，就能透過google等搜尋平台進行關鍵字查詢來找出所求的名稱。

也就是說，當發現「就是這個！」時可以瞭解到這不是記憶，而是想起的問題。

因此，對於以輸出為目的的記憶來說，重點在「要想起事物的內容，而不是詞彙本身」。

POINT

對於以想起為目的的記憶來說，
重要的是資訊內容，而不是詞彙本身

Mnemonics

30 邊注意優先順位邊記憶

無法同時想起名稱與附屬資訊的原因

詞彙（名稱）與它的附屬資訊通常是一起被輸入的。舉例來說，「蘋果」這個名詞會和「紅色圓形的食物」這個資訊一起記憶。

孩童時代通常為「單純記憶」，與名稱一起記憶的附屬資訊量不多也不複雜，簡單的配對後機械式地不斷輸入。

但是，等到成人後對於像「蘋果」這個字彙的附屬資訊會大量增加，例如產地、品種與味道好壞等，需要記住的事情非常多，結果名稱與附屬

「蘋果」各種附屬資訊的優先順位與關係

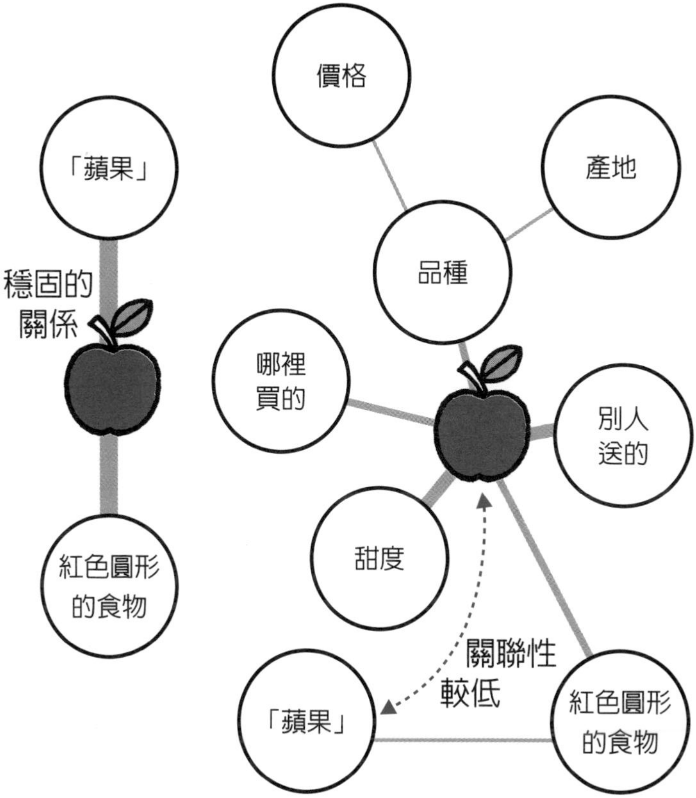

＊線的粗細代表優先順序的高低

資訊的配對因此減緩。

對於人名也是一樣，因為對方的「姓名」所附帶的「職位、興趣、工作內容」等需要記憶的項目非常多，常會發生姓名與長相對不起來的情形。

靠著連續獲取的資訊，「逆向抑制」也會動作。名稱與附屬資訊也因此會有記住一個卻記不起另一個的情況，以配對來記憶的優先順序會比在孩童時來的低，這就是無法同時想起的原因。

先瞭解必要的資訊是什麼，排列優先順位

反過來說，對於自己來說優先順序高的話，就算年紀再大也能記住。

若是親密的朋友，當然能記得名字，並且那個朋友繁瑣的相關資訊大部分都能記得。

還有，像是從事服務業或接待政商名流的人員，只要見過對於自己有利害關係的權勢者與顧客一次，立刻就會配對並記憶。對於這種職業的人來說，將人名與附屬情報配對後深深記住，並且在隨時都能想起的狀態是做好工作不可或缺的事。

優先記憶這件事會因環境與年齡改變。因此不要因記憶力不如孩童時而嘆氣，要先瞭解什麼是必要的資訊，邊注意優先順位邊記憶才是有效的方法。

POINT

瞭解什麼是必要的資訊
邊注意優先順位邊記憶

31 刪除非必要的附屬資訊

Mnemonics

附屬資訊比名稱更重要

如前一章節所述，成為大人後與姓名配對記憶的附屬資訊將會大量增加。不只是事物的名字、視覺資訊，連當時的狀況與聽到的聲音、味道、周遭的人物等，都會一起輸入。

而且，不只是專有名詞（像是品牌名稱等），普通名詞（衣服、房子這些一般的名詞）也是一樣。舉例來說，在孩童時期對於「這是襯衫」只會單純記憶詞彙，但是成年後大多不會重視「這是襯衫」，反而會說，「這

大人與小孩
附屬資訊的差異

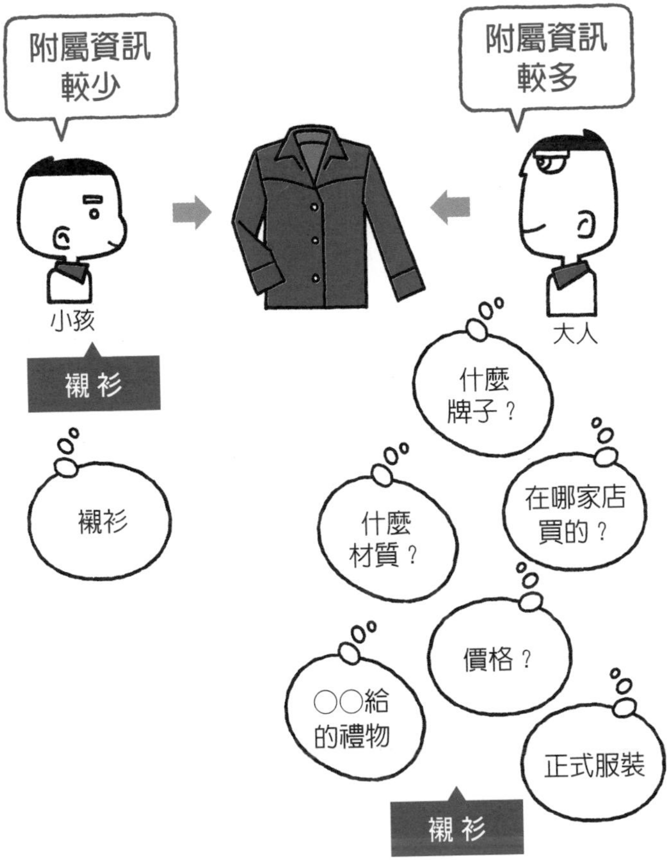

是Ralph Lauren的」，比較會注意是哪個牌子、多少錢、什麼材質、在哪家店買的等訊息，比起「襯衫」這個名詞，附屬資訊變得更為重要。

然後與附屬資訊相比，「襯衫」這個名詞的資訊只剩一點點，這個詞彙的優先順位也逐漸降低。

更誇張的說法，可能會連襯衫這個名詞都變得無法馬上想出來。

人類每天的記憶量非常大

成年後累積了各式各樣的經驗，比起名稱，附屬資訊與相關的回憶、與他人的交流等資訊較容易留下印象，因為優先順位變得較高也較容易想起。

也就能說，記憶一件事情時雖然會與大量的相關資訊配對，「記憶量」卻比想像中的還大。

當帶有附屬資訊的項目太多使得回想變得困難時，必須要判斷什麼才是重要的資訊，選擇後才進行輸入。

盡量刪除不必要的資訊，將重要的資訊變得容易想起也是維持記憶時的重點。

POINT

因為成年後記憶量變大
排除不必要的資訊就很重要

Mnemonics

32

絶對不會忘的名字記憶法

就算一時記住了名字，之後還是會忘記

都見過好幾次面了，不知道為什麼就是想不起對方的名字。但是仔細想想，明明第一次見面的時候還能牢牢記住。

這是因為在初次見面時已經先有著「不能不記住對方名字」的想法；見了幾次面，在持續不停地補充對方的附屬情報後，姓名的記憶優先度反而降低了。

記住姓名的四種方法

出聲叫出
對方的名字

連視覺資訊
一起記憶

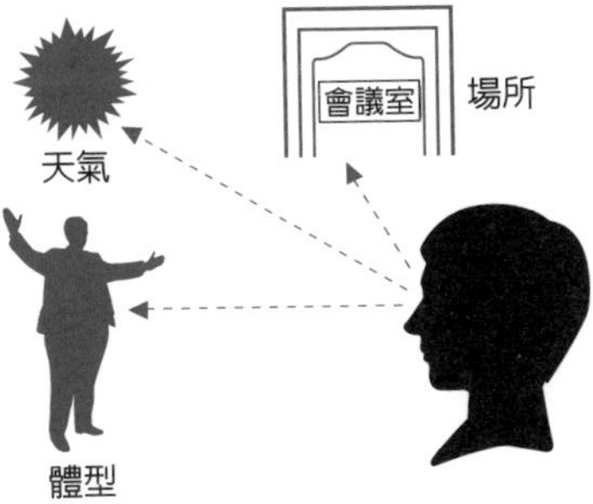

每次都將全名、
公司名與職稱寫
在電子郵件中

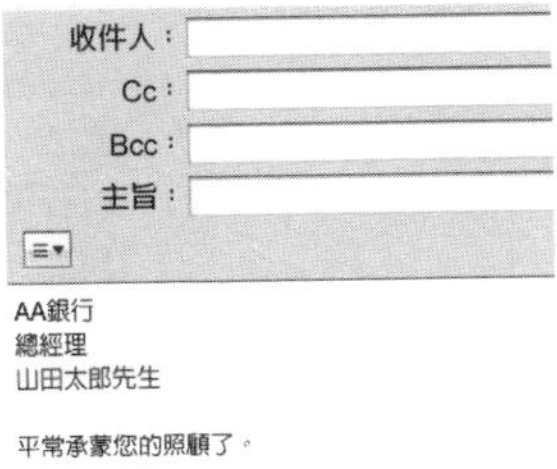

不斷地複習

等更熟悉了，接下來又會頻繁地叫對方的名字，想起會再度變得容易。

反覆叫出對方的名字

如同上述，人類會由優先順位高的事物開始記憶。想當然爾，一直都記不起來的事就代表著那對自己來說優先順位較低。

雖然是必要資訊，但是對自己來說尚未晉級為更優先的事物，是可以經由多次唱名，自覺地反覆複習來輸入。

當使用信用卡付款時，我們常會看到店員拿著簽單說「○○先生，謝謝您」、「○○先生，期待您的下次光臨」等，反覆叫出姓名的行為，就是為了要記住客戶姓名而刻意出聲唱名的。

想要記住對方的姓名，首先應該要在溝通時刻意稱呼對方的名字。若能連同當下的視覺情報（天氣與談話的場地、對方的體型等）也一併記住會更有效果。

工作時，每次都將對方的全名、公司寶號和職稱等資訊一併寫在電子郵件或文件上，就會牢牢記住對方的附屬情報配對，回想時也會較為順利。

請記得，對記憶來說，比起片段的資訊，要配合一定程度的附屬資訊來記，這樣才會更容易觸發回想力。

POINT

比起只有名字這樣片段的資訊，
配合附屬資訊來記會更容易想起

33

小孩用「意思記憶」大人用「情節記憶」

記憶的方法會在9歲時改變

將名稱與簡單資訊配對的記憶，可以稱為「意思記憶」。

孩童時期會以「意思記憶」為主，一旦過了9歲，就會改變成與自己的體驗連結的記憶，稱為「情節記憶」。

在發展心理學中，一般認為9～10歲的小孩無法進行抽象思考，這也被稱為「9歲（10歲）的牆壁」。

「意思記憶」與「情節記憶」的特徵

【意思記憶】

孩童在9歲以前，擅長死背型的記憶。
如同「這是毛衣」這樣，
將名稱與簡單的資訊配對來記，
最難記也不容易想起。

【情節記憶】

從10歲開始到長大成人，擅長
故事情節性的記憶。
靠著理解能有效記住多種資訊。

Memonics

所謂抽象的思考，具體來說如聯考數學考題的申論題中所需要的邏輯思考一樣，無法靠死背的知識解答。

一旦過了10歲，就能逐漸以邏輯思考事物。

理解並通透是最有效的記憶法

舉例來說，讓9歲以下的小孩與大人聽一段故事，聽完後確認留下了什麼印象。這時會發現小孩通常能清楚記住主角與登場角色的名字，但是對於內容卻很模糊。

反過來看，大人能記住故事內容、主角的感情、故事中的寓意等深有同感的事情，對於登場角色的名字卻不大會記得。由此可以知道小孩與大人的記憶方法有很大的不同。

成人後，「情節記憶」對於工作是很重要的。

在日本常見的情況，能流暢說出「某人的〇〇理論」的人會被評價為知識分子。隨口說出像是「那個約瑟夫・斯蒂格利茨（Joseph Eugene Stiglitz），提出信息不對稱理論的經濟學者」聽起來好像很博學多聞，但是如果只是死背，不能瞭解「信息不對稱的經濟學」到底是什麼、對現代的經濟有著什麼樣的影響的話就完全沒有任何意義。

因此，一個成年人必須要先能好好理解並通透，才能自覺地把它轉為「情節記憶」，這才是最有效的記憶方法。

POINT

要提升在工作上必要的理解力與回想力，情節記憶很重要

Mnemonics

34

穩固記憶的重點就是不斷地「複習」

記憶無法只憑著一次性的輸入長期保存

就像到目前為止說明過的，只輸入一次的記憶會馬上消失，或是變得很難想起。

學生在準備考試時，在記憶穩固前陸續輸入新的資訊會造成「逆向抑制」，有時甚至會因此變得難以想起。

當然，在前面也說明過，若輸入當下提升優先順位，邊理解邊記憶的話，就會提高保持、想起的機率。

記住、保持、想起
個別的重點

1	關注	記住
⇩		
2	好好理解	
⇩		
3	以配對來記	
⇩		
4	複習	保持
⇩		
5	練習	想起

但是只憑著一次性的輸入要確實地保留記憶，還是很困難。

重複取得的資訊會被判斷為重要資訊

重點還是「複習」。在腦科學的領域中有個稱作海馬體假說的理論，認為輸入的資訊會先寫入海馬體（又稱記憶的儲存裝置），然後只有被判斷為重要資訊的部分才會轉送到顳葉，其他不必要的資訊則會被捨去。

判斷重要資訊的基準之一，就是是否為「重複取得的資訊」，無論是頻繁接觸關心的事物，或是自覺性的複習，只要是多次輸入的資訊，海馬體就會反應並轉送到顳葉儲存。

但是，就算是已經轉送到顳葉的記憶，如果很久沒有進行回想的話，會被判斷不再是非必要資訊並捨棄，或是混入大腦其他區域。

這部分只是假說，實際如何運作還不很清楚。但能確定的是，曾經輸入過一次的訊息，確實會存放在大腦中的某個部分，但由於並非以容易想起的形式記錄在腦內，而是隨意地記錄資訊，因此很有可能信息會呈現某種完全孤立的狀況。

儘管有著各種不同論點，「複習」確實是能穩固記憶的確切方法。

POINT

靠著反覆「複習」讓海馬體知道這是重要資訊

Memonics

35 反覆排練提升回想力

為了想起的訓練

當沒辦法想起需要的資訊時，就算是當事人自己也很難確定到底是在記憶中的記住、保持、想起哪一個階段失敗了。

但是當看到正確答案的時候，若會覺得「啊啊！就是這樣」，就能知道記憶有被儲存，只是回想失敗。

那麼，要怎麼樣才能讓最後一個階段的「想起」成功？之前說明過為了想起的記住與保持的方法，這裡將會說明想起本身的訓練方法。

提升回想力的訓練法

考生

原來是像這樣
命題的啊！

反覆練習考古題

報告

這次的議題
是…

盡量在人前練習到
有自信為止

討論

想針對○○
進行討論
我認為…
我認為…

工作外的時間也可與同事和
朋友進行意見的論述與交流

交涉

原來要像那樣說
的啊！

試著模仿善於交涉的人
的做法

好的演講不是靠感覺而是練習

想起的訓練法就是「進行排練」。用學生準備考試的學習來說，就像大量練習考古題一樣；大家都會為了記住、保持而複習單字卡與教科書等。同理可證，想起的排練也很重要。

瞭解自己之前輸入的資訊，在正式測驗時是「以這樣的模式出題」以及「只要記起這部分即可」後，則可以成為回想力的練習。

另外，好的演說家或專題演講者，大多是經過無數次的排練，例如美國總統等知名人士會特地雇用聽眾反覆排練直到完美，然後才會正式上場。

很多時候，日本人會忽略排練的意義，過度依賴感覺或直接放棄。因此，覺得自己「回想力很差」、「沒有演講的概念」的人，應該先意識到其實是沒有下足夠的工夫練習。

報告、交涉與討論等都能靠著重複進行排練確實達到熟練的地步。

日本人有著不太喜歡公開自己正在練習某事的習慣，因此大家會比較難注意到有事前練習的情況。但是請瞭解，那些做得到的人之所以做得到，是因為直到自己成功前不停地反覆練習，才能達到完美的成果。

POINT

做得到的人不管什麼事情都會透過排練來反覆練習

Mnemonics

36 蒐集大量的「線索」，以「整組」為單位記憶

附屬資訊能成為想起的線索

在第140頁時描述過，人每天的「記憶量很大」，也就是說針對一個項目要記憶的附屬資訊非常多，附屬資訊越多反而越容易想起。

記憶的網路本就是一種錯綜複雜存在於大腦深處，並且與各式各樣的資訊結合為一組（套）的存在。因此，我們可以將連帶資訊（情報）解釋（想像）為，在腦內形成一種從中分岔出樹枝狀，有著延伸出去像觸手一樣的東西。

與坂本龍馬相關的歷史事件的回想（輸出）路徑

資訊鬆散不易連結配對，回想也很困難

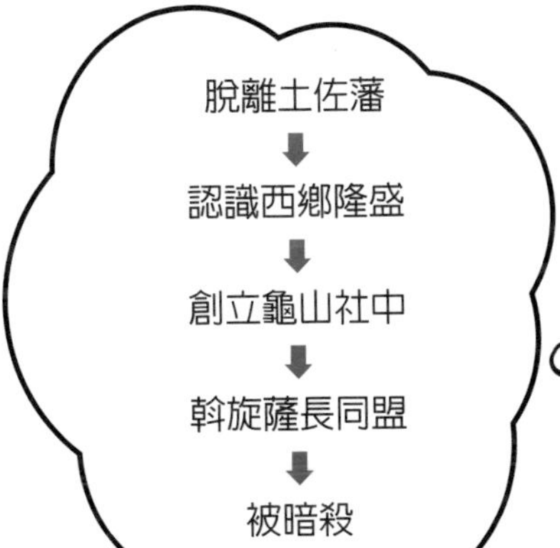

確實建立回想的路徑
配對組合並彙整

這個觸手是想起的「線索」，也就是「觸發點」。當然，有越多的觸發點，就會越容易想起。

不是增加項目，而是增加附屬資訊

那麼一股腦地輸入所有的資訊就能成為「線索」嗎？當然不是。

增加某個項目的附屬資訊，與增加資訊項目是不同的。所以不是因為資訊增加越多就會越難記住，而是若以容易輸出的形式組合大量資訊會比較容易記住。舉例來說，一首歌的歌詞只要唱出前面的幾個字，後面的歌詞自然就會唱出來了。這並非以單獨的語言，而是以歌詞內容＝以歌這樣子「整組的單位」記憶，因而想起時較順利且不費力氣。

這個「整組的單位」具體來說並不只是語言或文字的資訊，而是指包含了從五感獲取的感官資訊與身體活動等附屬資訊。

歌曲的歌詞也是因為和節奏與旋律一起記憶才容易想起。

最後也最重要的是，將整組配對的資訊透過能容易並持續的路徑輸出。

這在前面章節說明過，練習解考古題、演講的排練等想起的訓練是建立資訊容易輸出的捷徑，在這裡想起的練習也是必須的。

POINT

以整組配對記憶的資訊做成容易回想（輸出）的路徑連結

Mnemonics

37 成年後，比起輸入更要增加輸出

輸入與輸出的比例會逐漸改變

前些日子，我與暢銷書《這樣思考，人生就不一樣》作家外山滋比古先生，在雜誌的「成人後學習的意義」特集談話時，他提到「成人後學習是不行的」、「比起輸入，輸出更重要」等看法。

外山先生很早以前就開始持續減少讀書量，而是與意氣相投的同伴舉行增加知識交流的聚會。

此外，精神分析學者柯胡（Heinz Kohut）從50歲開始，雖會看一些

從小孩到成人
輸入與輸出的比例變化

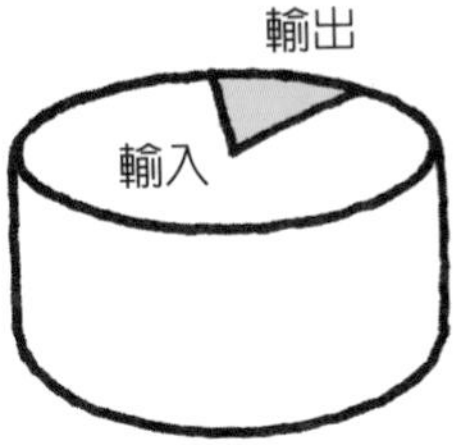

孩童
~
學生時期

向白板狀態的大腦不斷輸入新的資訊

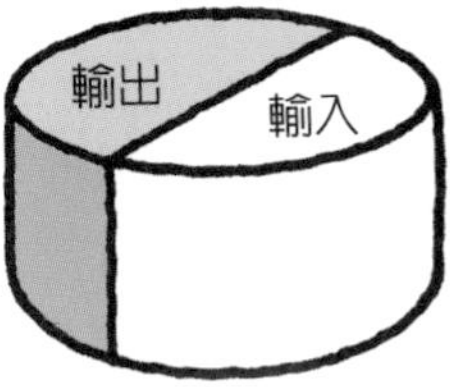

20 多歲
~
30 多歲

逐漸更新新的知識變得能以創造價值來進行的輸出

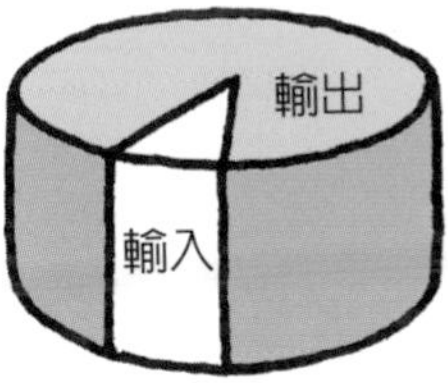

40 歲
~
50 歲以上

能從至今為止所學的事物中說出什麼才是最重要的

哲學與歷史的書，但是關於本身精神分析專業領域的書籍卻不讀了，據說是因為輸入再多的學說也沒用的關係。

這些故事說的是從某個年齡層開始輸入與輸出的比例需要改變。

如何增加輸出並提升輸入的質量

若大腦的狀態像孩童時期白板[註]狀態的話，可以連續不斷地進行填鴨式教育（甚至應該進行），但是到了40、50歲以後，輸入的知識只需要以前的20～30％就好，反而是如何提升想起的量更重要。也就是說，能從到目前為止所學到的東西裡說出什麼才重要。

隨著年齡增長記憶力當然會降低，但有良好回想力的人被認為優秀的比例也會增加。

然後，對於那些20～30％的輸入則應列為「與到現在為止學過有所不同的事物」。

對於與自己的看法相同之書籍與他人的觀點，不管輸入多少，都只會得到「果然如此」而無法強化知識。

有些人在年齡增長後無法接受和自己不同的意見或年輕人的意見，這樣會造成拒絕吸收新知的不良後果。

當輸入的比例降低時，要輸入什麼樣的內容就會變得重要。

註：白板，原指一種無瑕的狀態。西方哲學家以此比喻人類心靈一開始如白紙般沒有任何印記。17世紀英國經驗論哲學家J.洛克承襲此觀點，認爲人的一切概念和知識都是歷經事物而在白板上留下痕跡，歸於經驗所致。

POINT

隨著年齡增長，
能從所學到的東西裡說出什麼會變得重要

Mnemonics

38

累積經驗減少緊張也會提高回想力

回想力也會受到心理因素的影響

截至目前為止，已經介紹了各種提升回想力的方法，但還有一個不可欠缺的條件，那就是排除緊張的狀況，也就是「減輕壓力」。

在演講或致詞時，明明知道的某個姓名或專有名詞卻突然想不起來，一緊張就會讓已經輸入的資訊變得難以想起。

在壓力下，無論是誰都會難以發揮原本的實力，特別是需要想起的場合，像這種心理因素的影響力非常大的。

由經驗的累積
得到的回想好處

1 在任何需要想起的時候都不會緊張

2 輸出的機會增加，回想會變得順利

3 可以藉由有效輸出轉換成輸入

4 成為對新事物的看法

所以，想要順利想起，排除緊張十分重要。

養成回想的習慣來對抗壓力

那麼，具體來說要如何保持鎮定不緊張呢？重點就是「經驗的累積」。換言之，克服考試壓力就是模擬考，致詞或演講就是反覆排練，像這樣養成「回想的習慣」，就會越來越容易想起。習慣了回想的狀態就能建立自信，自然會減少緊張。

明明應該比年輕時記憶力減低了的資深演員，卻能將長串的台詞在短期內記住並順暢演出，這是因為經驗的累積讓他在正式上場時不會感到緊張的緣故。

另外，靠著累積經驗增加輸出機會不只能減少緊張，還能達到「有效的輸出轉變成輸入」的效果。

像這樣，別人沒說過的看法，像找尋新的觀點一樣，從書本的說法變成對平常事物的看法。一個想教別人的想法與單單僅有輸入資訊相比，在自覺意識上有很大的差異。

以上可知，經驗的累積對於提升回想力是個重要的技巧。

POINT

由經驗的累積增加輸出的機會
是提高回想力的重點

Mnemonics

39 為了容易記憶要把知識「加工」

將知識照原樣輸出的「再生」與「想起」是不同的

之前說過，將輸入的知識記憶後再輸出的是「想起」，將記住的知識照原樣輸出的只是「再生」[註]而已。

如果只是單純的「再生」，那麼靠網際網路的搜尋就已足夠，就算是再博學多聞的人記憶量也無法與機械相提並論。所以，在這個人人都能公平獲得資訊的時代，「將輸入後的知識加工的能力」顯得益發重要。

「再生」與「想起」的差異

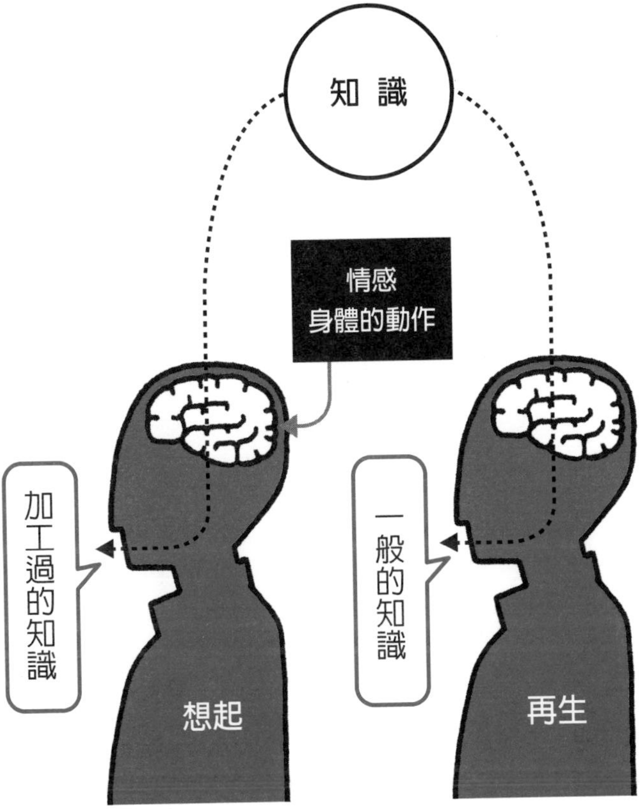

註：再生日文原義指的是重複、重播

最近流行的問答節目，博學且對益智問答拿手的藝人往往人氣很高，但是這也只是將記憶中的知識照本宣科回答，僅僅是「再生」而已。

真正有著一定程度知識的話，與其上問答節目再生答案，不如將那些知識好好加工，創造與眾不同的相聲與短劇，才能以優秀藝人長久生存下去。

加工過的知識較容易記憶

到目前為止說明了成年後切換為「組合附屬資訊」與「故事記憶」的記憶法較佳，其實這些也就是「加工過的知識」。

將獲取的資訊通透理解後，或是結合自身的體驗、情感與身體動作記憶，都能將知識加工轉換。然後，將該項目的眾多附屬資訊配對記憶，就能成為有價值的輸出。

最重要的，加工過的知識比單純的再生更容易記憶，所以要盡量讓輸入的資訊加工後再輸出。

在第138頁提過，要將重要資訊有效地記住，需要「排除不重要的附屬資訊」，但是另外重申，若能盡量增加各個項目的附屬資訊再記憶的話，較能幫助回想。

POINT

加工過的知識比起單純的再生更容易記憶

Mnemonics

40 致詞與演講前先準備「腳本」

透過製作腳本，可以逐次調整

前面說明過在致詞與演講前需要排練，另外，準備「腳本」也是有效的方法。更不用說是，演講的內容都不夠熟練，卻連腳本都沒有準備好。

準備腳本後，多次反覆練習，「這裡應該像這樣改善」、「這裡不需要」、「這樣會更有趣！」像這樣逐漸調整內容。自己說了什麼，如何想起的，猜測對方對那些內容會有什麼樣的反應等，在結束後透過回頭檢討再改善。

演講時有準備腳本與沒有腳本的結果

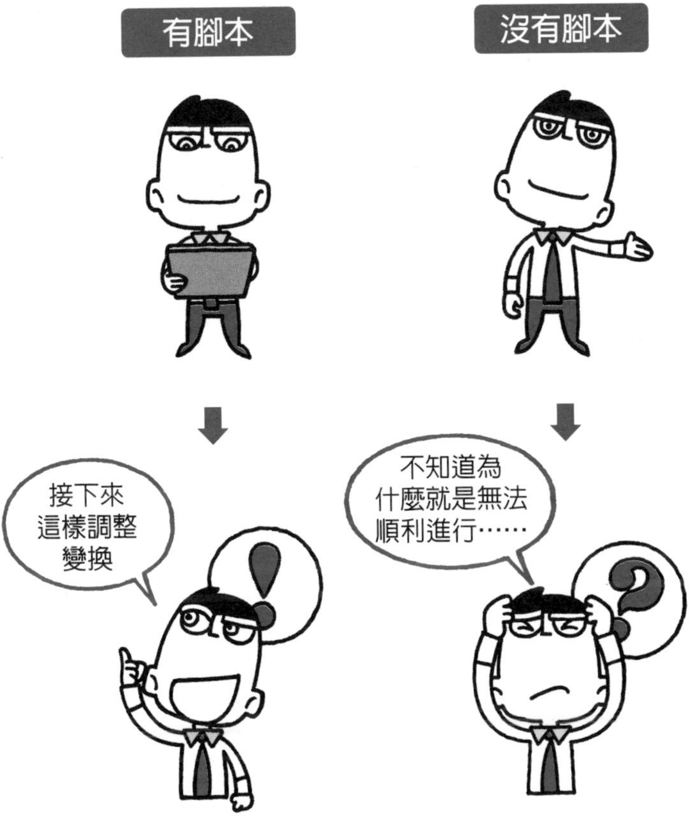

就算沒有致詞或演講的機會，蒐集與客戶或上司應酬時談話內容的素材、準備會議報告等，都是記憶與想起的應用機會。

記憶的最終目標取決於能產出什麼內容

在致詞或演講等需要輸出的場合，想起只需要「單純的再生」，不過名字或數字想不出來時當然會讓人焦慮。

但是，重要的是產出什麼內容，也就是「成果」。

在發表的場合，比起能順暢地再生專業用語或數字，能否將內容加工並讓聽眾覺得有趣、訊息是否成功傳達才是重要的。

進行排練、製作腳本都是為此使用的方法，目的不是再生。

以這種思維就會發現，想起需要「加工」、「思考」與「預測對方的反應」等，各種事物組合起來才能達到目標。

也就是說，是要單純再生型的相聲，或是大學的相聲研究社等級的相聲，還是大師級精彩表現的相聲，就像這樣的感覺。

POINT

將情報加工，讓聽眾覺得有趣，以及想要傳遞的訊息是否有傳達到是很重要的。

COLUMN 3

物品順序的記憶法

聯想訓練，強化自己的想像力

故事聯想是最可以活化大腦的訓練方法，將一些沒有關聯性的物品，嘗試創造他們與數字(順序)連結，如下：

白板、手機、杯子、棒球、絲巾、西瓜、游泳圈、墨鏡、湯匙、電腦、鸚鵡、紅酒、枕頭、橘子、排球、鱷魚、牙刷、咖啡、錢包、公車

沒有經過特殊設計，是很難將以上物品全部記起來，讓我們來練習聯想，時間為5分鐘（腦中要產生圖像）：

- **白板**在一面鏡子面前擺弄著，但什麼都沒看到只有一面白(1)
- 2G**手機**雖然跟不上流行，但不用擔心會白內障呢(2)
- 3隻腳的**杯子**受傷成長短腳，一跛一跛走路的樣子好像要跌倒了(3)
- 只有4人的**棒球**遊戲，是要站在壘包上玩傳接嗎？(4)
- **絲巾**隨風舞動的樣子很優美(5)
- **西瓜**隨著河水流出去了(6)
- く字型的**游泳圈**感覺不怎麼牢靠(7)

- 這副**墨鏡**鏡片都黏在一起了，好像無限大標誌(8)
- **湯匙**彎曲成9的樣子，好像快斷了(9)
- 滿地都是**電腦**，撿(拾)到就是你的(10)
- 這隻**鸚鵡**會用筷子，感覺要發了(11)
- 食鵝肉配**紅酒**(12)
- **枕頭**大戰後，大家都衣衫不整(13)
- **橘子**饅頭、橘子豆腐、橘子香腸……這疑似橘子專賣店(14)
- 初一十五**排球**比賽(15)
- 獅溜**鱷魚**，好奇特啊(16)
- **牙刷**、牙膏和蛋糕們一起去野餐(17)
- 1包88元的**咖啡**(18)
- 看到事故發生，**錢包**打119叫救護車(19)
- **公車**快餓死了，拋錨在路邊(20)

除了以上的訓練外，亦可配合前述記憶法使用，靈活套用、活化大腦連結神經迴路，在必要時就能發揮成果。

NOTE

PART 4

記憶力訓練

單純計算練習

這是由陰山英男先生想出來並實踐得名的「100格計算」（加法）。將每一行與每一列的數字相加並填入空格。計時並試著挑戰盡快將空格填滿。（解答在第198頁）

※ 請將本頁影印使用

+	7	9	5	8	0	4	1	6	3	2
2										
8										
7										
3										
0										
5										
1										
4										
9										
6										

完成時間 ____ 分 ____ 秒

這是減法的「100格計算」，將各行數字減去每列的數字後填入空格中。(解答在第198頁)

※請將本頁影印使用

−	15	11	17	13	12	19	14	10	16	18
2										
1										
5										
9										
4										
3										
7										
0										
6										
8										

完成時間 ☐ 分 ☐ 秒

朗讀練習 Training 02

儘可能快速地大聲朗讀 3 次。
也可選擇其他自己喜歡的文章來練習。

銀河鐵道之夜

宮澤賢治

喬萬尼微微噘起嘴唇，好像在吹一支寂寞的口哨。他穿過兩排森森檜木的蔭道，從鎮上高崗的斜坡走了下來。

斜坡下有一盞高大的路燈，正放射出藍白色的美麗光芒。當喬萬尼漸漸往燈下走去，一直像鬼怪一樣跟在喬萬尼身後的那道細長、模糊的陰影，逐漸變得清晰，搖搖晃晃地轉到喬萬尼的身旁。

（我是一輛威風凜凜的火車頭！因為前面是下坡，車速要加快啦！就要超越前面的路燈了！看哪！我的影子就像拉開的圓規！繞了整整一大圈，繞到我前面來了。）正當喬萬尼一邊幻想，一邊大步從路燈下通過時，白天撞見的查利，穿著一件嶄新的尖領襯衫，突然從路燈對面的陰暗小路竄出，與喬萬尼打了個照面。

心

夏目漱石

我一直都稱他為老師，因此這裡也只寫做老師，而不公開他的姓名。與其說這是顧忌人言可畏，不如說這樣對我更自然一些。每當我回憶起他時，馬上就想叫老師，提起筆來的心情也是這樣，我實在不願意使用那種沒有感情色彩的英文字母縮寫。

我是在鎌倉認識老師的，當時我還是一個年輕的學生。因為接到一位正利用暑假去海水浴場的朋友來信，叫我一定要去，我籌了些錢就出發了。我用了兩三天的工夫籌錢，可是我到達鎌倉還不到三天，叫我去的朋友突然接到家鄉的電報，要他回去。電報是說他的母親生病了，但是我那位朋友並不相信。

書寫練習

將右頁的「般若心經」抄寫到左頁以活化大腦。
邊大聲朗讀邊抄寫效果更好。

般若心經〈摩訶般若波羅蜜多心經〉

觀自在菩薩行深波若波羅蜜多時照見五蘊皆空度一切苦厄舍
利子色不異空空不異色色即是空空即是色受想行識亦復如是
舍利子是諸法空相不生不滅不垢不淨不增不減是故空中無色
無受想行識無眼耳鼻舌身意無色身香味觸法無眼界乃至無意
識界無無明亦無無明盡乃至無老死亦無老死盡無苦集滅道無
智亦無得以無所得得故菩提薩埵依般若波羅蜜多故心無罣礙
無罣礙故遠離顛倒夢想究竟涅盤三世諸佛依波若波羅蜜多故
得阿藐多羅三藐三菩提故知般若波羅蜜多是大神咒是大明咒
是無上咒是無等等咒能除一切苦眞實不虛故說波若波羅密多
咒即說咒日揭諦揭諦波羅揭諦波羅僧揭諦菩提薩婆訶

※ 請將本頁影印使用

單字與記號的記憶練習

Training 04

在3分鐘内記住下面的圖與物品。
然後闔上書，試著寫出物品看記住了多少。

下圖是記號。
規則同右頁，請試試看。

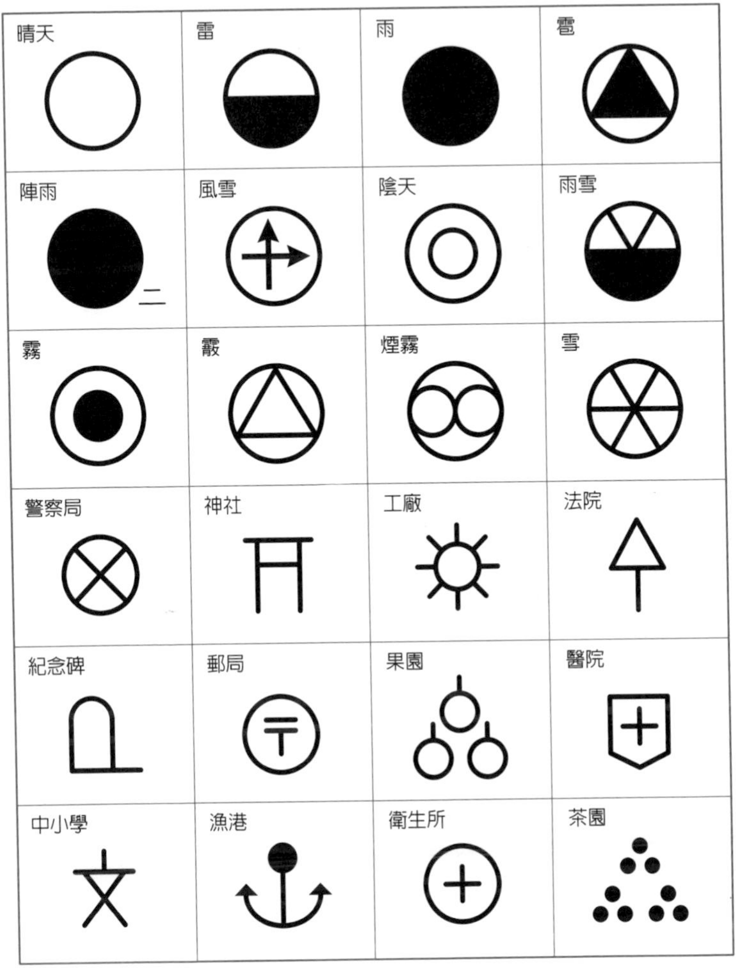

單字聯想練習

Training 05

試著想出含有首列文字的詞彙並寫在空格內。
（範例解答在第199頁）

※請將本頁影印使用

連	色	絶	世	人	回	白	半	秀	大 （例）
									大學
↓	↓	↓	↓	↓	↓	↓	↓	↓	↓
									大將
↓	↓	↓	↓	↓	↓	↓	↓	↓	↓
									大國
↓	↓	↓	↓	↓	↓	↓	↓	↓	↓
									偉大
↓	↓	↓	↓	↓	↓	↓	↓	↓	↓
									大小
↓	↓	↓	↓	↓	↓	↓	↓	↓	↓
									大勝
↓	↓	↓	↓	↓	↓	↓	↓	↓	↓
									盛大

（範例解答在第199頁）

結	素	清	出	美	考	聖	茶	落	調

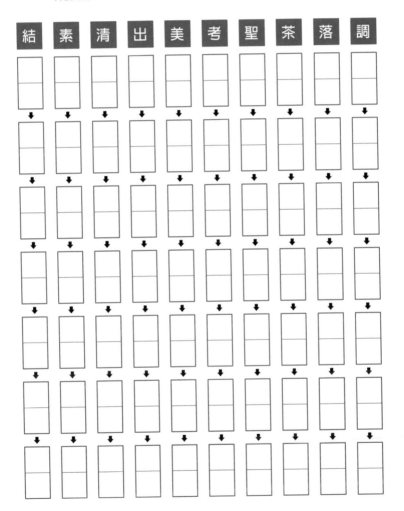

圖形迴轉練習 Training 06

1～7的基本圖形在迴轉後會變成A～D的其中一個，
試著找出正確答案。（範例解答在第199頁）

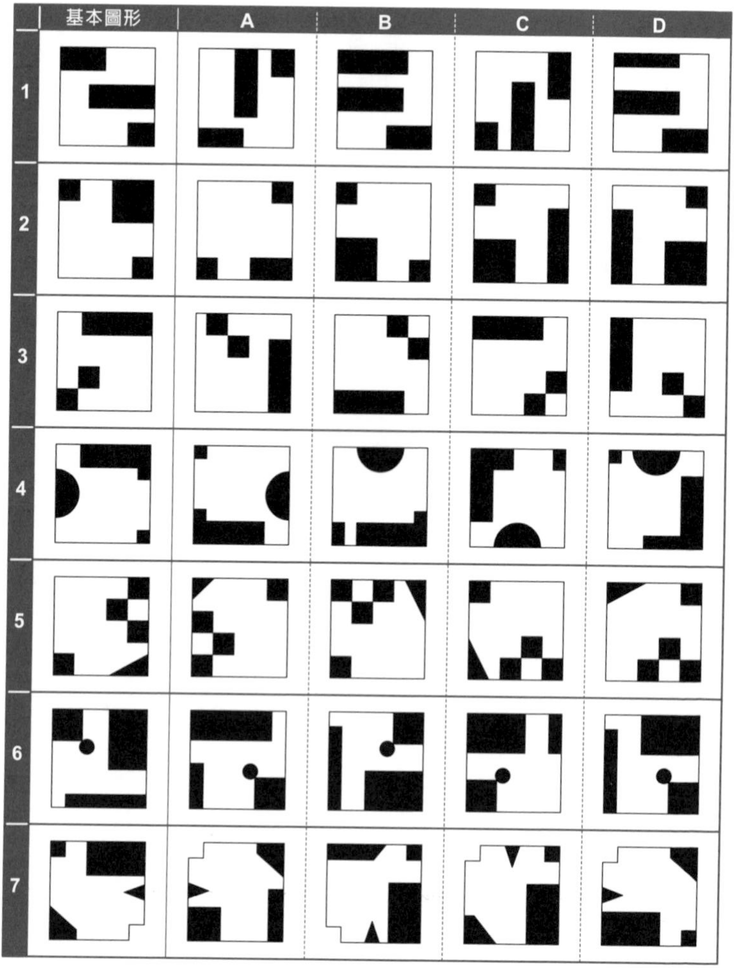

（範例解答在第199頁）

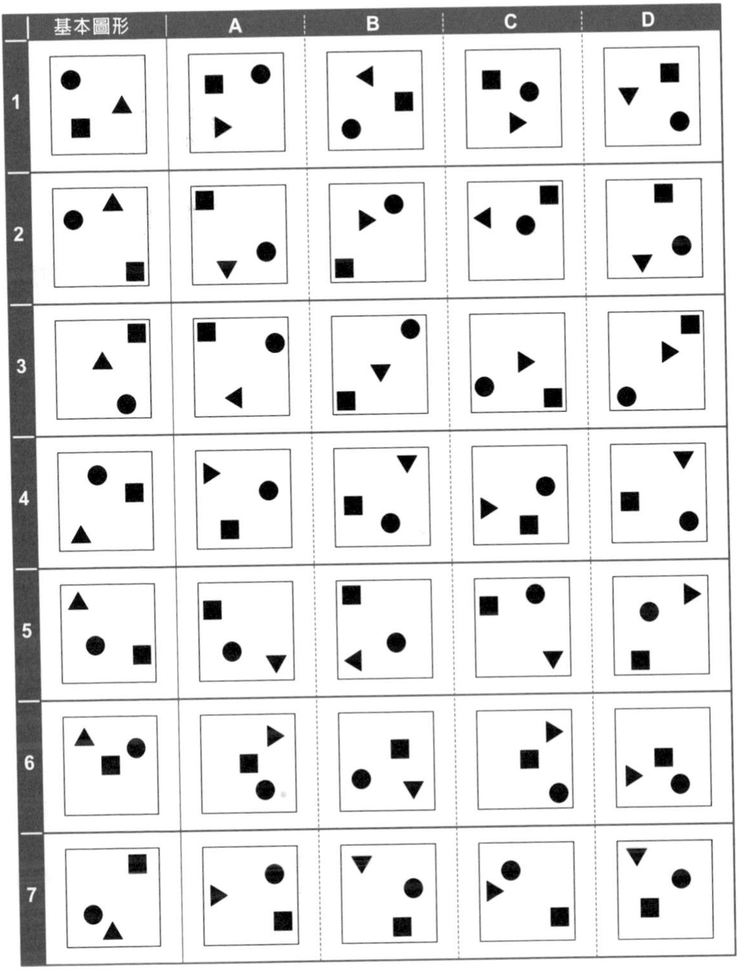

創造力練習

Training 07

要提高創造力，將平常沒有關聯的記憶們串連起來是很重要的。試著在以下的頁面練習聯想，從一個詞彙聯想三個詞彙並寫下，再從那三個詞彙各聯想出另外三個詞彙。

（例）

月	兔子	耳朵
↓	↓	↓
・兔子	・紅蘿蔔	・麵包
・太空船	・雪	・鼻子
・芒草	・耳朵	・音樂

火		
↓	↓	↓
・	・	・
・	・	・
・	・	・

水		
↓	↓	↓
・	・	・
・	・	・
・	・	・

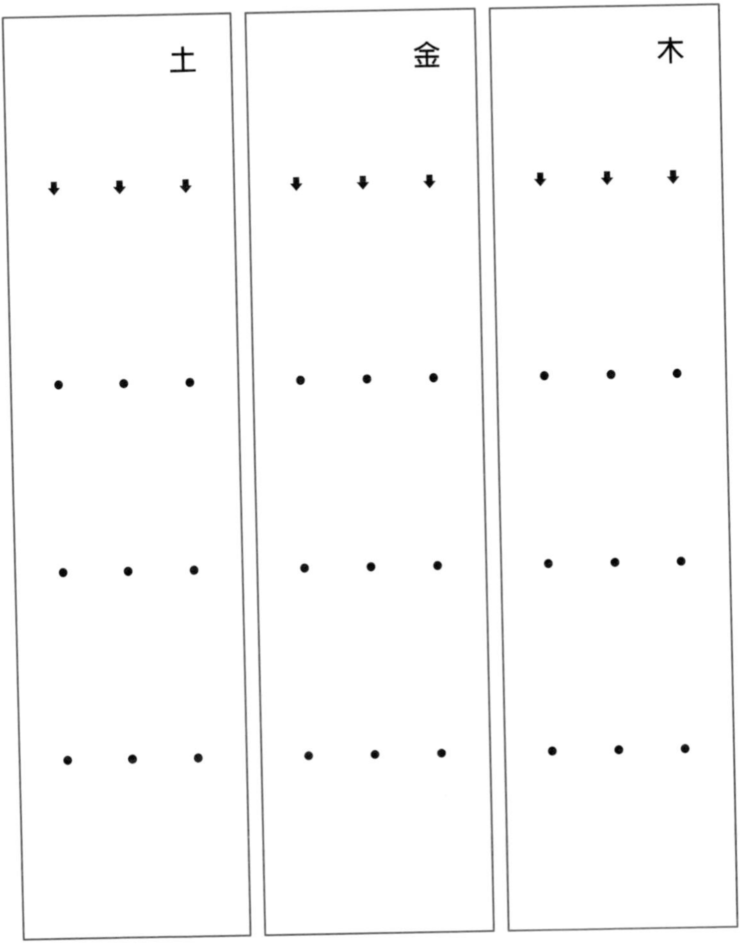
土
金
木

集中力練習法 Training 08

大腦受到的刺激大概可以分為兩種，一種是透過視覺與聽覺由外部受到的刺激；另一種是由體感從身體感受到的刺激。無論哪個對大腦來說都是重要的刺激，但是有即效性的是觸覺、痛覺、壓覺等刺激，這些身體受到壓力接收的資訊會活化大腦。特別是手腳的感官非常的敏銳，這些刺激會直接傳達到大腦，有著即時性的效果。

本頁將會介紹當用腦過度或想睡覺而集中力渙散時，最適合提神醒腦的運動練習。

任何一種練習都是坐在椅子上就能做的簡單運動或按摩，請在工作與學習的空檔試試看。

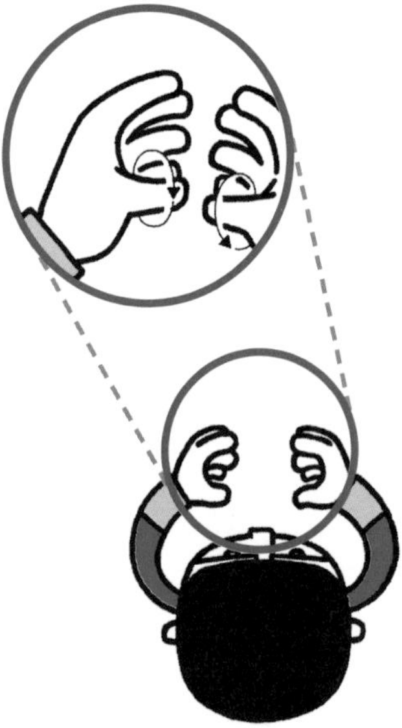

① 手指旋轉運動

雙手伸到胸前，以不會碰到的原則將左右手手指繞著彼此旋轉。每個指頭各10次輪流旋轉，小指頭也轉完後，反方向再進行一次。

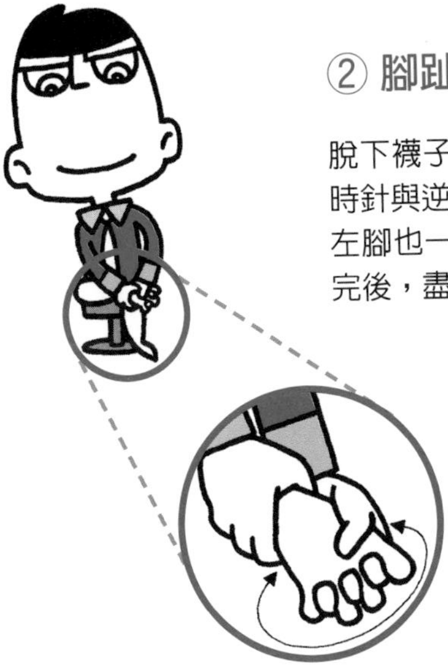

② 腳趾旋轉運動

脫下襪子，右腳配合左手，順時針與逆時針方向各轉10次，左腳也一樣配合右手旋轉。轉完後，盡量張開5隻腳趾。

③ 按摩頭部

將雙手大拇指放在後頸部，使力將後頸部揉開。然後將大拇指由後腦杓開始慢慢移動到頭頂，其他4指像洗頭一樣將腦袋全面搓揉。使力並有節奏的進行會更有效果。

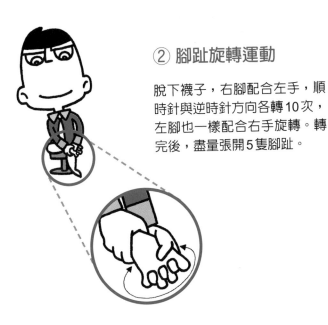

解答

【單純計算練習】

第182頁的答案

+	7	9	5	8	0	4	1	6	3	2
2	9	11	7	10	2	6	3	8	5	4
8	15	17	13	16	8	12	9	14	11	10
7	14	16	12	15	7	11	8	13	10	9
3	10	12	8	11	3	7	4	9	6	5
0	7	9	5	8	0	4	1	6	3	2
5	12	14	10	13	5	9	6	11	8	7
1	8	10	6	9	1	5	2	7	4	3
4	11	13	9	12	4	8	5	10	7	6
9	16	18	14	17	9	13	10	15	12	11
6	13	15	11	14	6	10	7	12	9	8

第183頁的答案

-	15	11	17	13	12	19	14	10	16	18
2	13	9	15	11	10	17	12	8	14	16
1	14	10	16	12	11	18	13	9	15	17
5	10	6	12	8	7	14	9	5	11	13
9	6	2	8	4	3	10	5	1	7	9
4	11	7	13	9	8	15	10	6	12	14
3	12	8	14	10	9	16	11	7	13	15
7	8	4	10	6	5	12	7	3	9	11
0	15	11	17	13	12	19	14	10	16	18
6	9	5	11	7	6	13	8	4	10	12
8	7	3	9	5	4	11	6	2	8	10

【圖形迴轉練習】

第192頁的答案

7	6	5	4	3	2	1
↓	↓	↓	↓	↓	↓	↓
D	B	C	A	D	B	C

第193頁的答案

7	6	5	4	3	2	1
↓	↓	↓	↓	↓	↓	↓
C	A	D	B	C	A	D

【單字聯想練習】

第190頁的答案

連	色	絶	世	人	回	白	半	秀
連合	顏色	絶對	世界	人物	回轉	白馬	對半	秀才
連絡	色彩	絶世	前世	人間	回覆	明白	折半	優秀
關連	好色	氣絶	避世	詩人	扳回	白銀	半身	秀逸
連盟	原色	杜絶	世情	人生	回歸	自白	後半	作秀
連忙	色素	斷絶	世間	老人	回顧	獨白	半白	秀髮
連載	色調	絶交	世俗	婦人	駁回	白人	半途	俊秀
連名	單色	絶頂	世紀	偉人	回答	白紙	半熟	秀麗

第191頁的答案

結	素	清	出	美	考	聖	茶	落	調
結果	色素	清潔	出版	美人	考察	聖書	茶碗	落第	調查
完結	尺素	血清	出力	美貌	參考	聖人	紅茶	下落	調理
結論	酵素	清掃	外出	美觀	考古	聖明	茶包	墮落	色調
凝結	素材	清楚	出兵	美女	考證	樂聖	茶道	落伍	調侃
凍結	因素	清算	演出	美談	考慮	神聖	喫茶	落下	調合
結巴	素描	清流	出生	甘美	思考	聖域	茶瓶	落日	調子
結婚	素養	清酒	出身	褒美	抽考	聖火	茶室	落款	調節

國家圖書館出版品預行編目(CIP)資料

圖解記憶法：給大人的記憶術／和田秀樹著；陳冠儒譯. -- 第一版. -- 臺北市：十力文化，2015.08
面；公分

ISBN 978-986-91959-1-1 (平裝)
1. 記憶 2. 學習方法

176.33 104012519

圖解記憶法：給大人的記憶術

作　　者　和田秀樹

責任編輯　吳玉雯
翻　　譯　陳冠儒
封面設計　陳琦男
書籍插圖　劉鑫鋒
美術編輯　陳瑜安

出 版 者　十力文化出版有限公司

發 行 人　劉叔宙
公司地址　11675 台北市文山區萬隆街 45-2 號
通訊地址　11699 台北郵政 93-357 信箱
電　　話　(02) 2935-2758
網　　址　www.omnibooks.com.tw
電子郵件　omnibooks.co@gmail.com
劃撥帳號　50073947

I S B N　978-986-91959-1-1
出版日期　第一版第五刷 2017 年 8 月
　　　　　第一版第一刷 2015 年 8 月
書　　號　D507
定　　價　320元

十力文化

十力
文化

十力
文化